AF451392

DISSERTATION

SUR

LES INSTRUMENTS DE MUSIQUE

EMPLOYÉS

AU MOYEN-AGE.

DISSERTATION

LES INSTRUMENTS DE MUSIQUE

EMPLOYÉS

AU MOYEN-AGE

PAR

A. BOTTÉE DE TOULMON

BIBLIOTHÉCAIRE EN CHEF HONORAIRE DU CONSERVATOIRE DE MUSIQUE,
MEMBRE DE LA SOCIÉTÉ ROYALE DES ANTIQUAIRES,
DES COMITÉS HISTORIQUES AU MINISTÈRE DE L'INSTRUCTION PUBLIQUE, ETC.

PARIS

IMPRIMERIE D'EUGÈNE DUVERGER

RUE DE VERNEUIL, N° 4.

1844

DISSERTATION

SUR

LES INSTRUMENTS DE MUSIQUE

EMPLOYÉS AU MOYEN-AGE.

Par M. BOTTÉE DE TOULMON, membre résidant.

(Extrait du XVIIe volume des Mémoires de la Société royale
des Antiquaires de France.)

La musique instrumentale a toujours figuré d'une manière importante dans les cérémonies religieuses et les réjouissances publiques ; malheureusement cette partie si essentielle de l'histoire de l'art n'est approfondie nulle part. Si le moyen-âge est l'époque où la nomenclature des instruments est la plus nombreuse, c'est aussi celle où les renseignements sur leur nature laissent le plus à désirer. On peut le concevoir, les documents sur les inventions de l'homme ne se présentent ordinairement que longtemps après qu'il les a mises en pratique. Les instruments de musique, considérés à l'époque dont nous parlons, se trouvent tout-à-fait dans ce cas. L'antiquité en avait légué un certain nombre au moyen-âge ; les uns furent adoptés, les autres furent abandonnés : parmi ceux qui restèrent, plusieurs prirent des noms nouveaux, après avoir été perfectionnés, et comme les renseignements sur les changements qui eurent lieu à l'époque de ce pêle-mêle sont écrits en latin, il arriva souvent que les auteurs, pour désigner des instruments nouveaux, se servirent par analogie de mots anciens, en raison d'une ressemblance, quelquefois fort éloignée, entre un instrument qui n'existait plus et celui dont ils voulaient parler. La difficulté de bien déterminer le sens de chaque mot provient encore des sources auxquelles nous sommes obligés de recourir pour en acquérir la connaissance. Un poëte voulait décrire une fête, une solennité où la musique occupait une place importante : les exigences de son style le contraignaient à se servir d'un mot qu'il n'eût pas employé s'il eût écrit en prose; souvent même, lorsqu'un auteur écrivait de cette dernière manière, il choisissait le mot *cicéronien;* il était plus curieux de beau langage que de vérité. Pour prouver ce que j'avance, je ne citerai qu'un exemple; on trouve dans Fortunat les vers suivants :

> Vocibus excussis pulsabant organa montes
> Reddebantque suos pendula saxa tropos.
> Laxabat placidos mox ærea tela susurros
> Respondit cannis rursus ab alpe frutex.
>
> Carm. X, 9, alios, 12.

Ici les mots *ærea tela* ne signifient pas autre chose qu'une lyre. Le poëté a voulu représenter cet instrument par une figure, en le comparant à

une toile dont la trame serait métallique. Les mots
cannis et *organa* ont aussi un sens figuré. La
même confusion se retrouve dans des temps bien
plus modernes. Au seizième siècle, beaucoup d'auteurs écrivaient encore en latin, et dans leurs ouvrages le violon était constamment désigné par
les mots *chelys*, *barbitus* ou par un autre nom semblable emprunté au langage des anciens; notre archet l'était par celui de *plectrum;* cependant *chelys*
et *barbitus* indiquaient dans l'antiquité des instruments d'une nature toute différente; ils étaient
à cordes sans doute, mais ces cordes étaient pincées, et pour les mettre en vibration, on se servait
d'un morceau d'ivoire nommé *plectrum*, qui n'avait
aucun rapport avec l'archet, dont le mode d'ac-
tion est le frottement. Ces anciennes dénominations, appliquées à des instruments nouveaux,
étaient d'autant plus vicieuses que cette division
d'instruments à cordes pincées avec un plectre
se retrouve au moyen-âge et même de nos jours.
On peut juger par là quelle confusion doit ré-
gner dans les auteurs que nous avons à consulter
sur cette matière, puisque mes reproches s'adres-
sent à ceux dont les ouvrages sont relatifs à la
spécialité musicale. Mersenne, par exemple, com-
met encore ces erreurs au milieu du xviie siècle, dans
son ouvrage intitulé: *Harmonicorum libri XII*.
Que devait-ce donc être chez les poëtes ou les historiens dont les ouvrages sont antérieurs à l'emploi de la langue vulgaire? Nous allons cependant

passer en revue les noms des principaux instruments qui s'y rencontrent.

Comme le bruit était alors l'objet principal, on
remarquera que les trompettes et les instruments
de percussion se trouvent indiqués par une nomenclature plus nombreuse que les autres instruments.

Les trompettes sont désignées par les différents
noms : *tuba, lituus, buccina, taurea, carnix, salpinx, claro, clarasius, clario, hadubba, licinia, siticines, tubesta,* etc.

Il est fort difficile de déterminer d'une manière
bien exacte les différences qui existaient entre les
instruments indiqués par ces diverses dénominations; cependant il devait y en avoir, car on voit,
dans la lettre attribuée à saint Jérôme et adressée à
Dardanus [1] : « Tuba de qua in Daniele scriptum est :
« cum audieritis vocem tuba fistulæ, cytharae et reli-
« qua..., diversis formis ac figuris afficitur. Aliter
« enim facta est tuba congregationis populi, aliter
« victoriæ, aliter condictionis, aliter conclusionis
« civitatum, aliter persequendi inimicos.. » Malheureusement, après nous avoir indiqué toutes
ces différences, l'auteur n'ajoute rien pour les faire
comprendre; bien au contraire, dans ce qui suit

(1) Ad Dardanum de diversis generibus musicorum instrumentis. Epistola XXVIII, t. 9, p. 113. Hieronimi opera.
Antwerpiæ ex officina Plantini, 1578. Cette pièce, fort importante, est rapportée en entier à la suite du mémoire avec
d'autres pièces justificatives.

il devient complétement obscur : « Tuba autem
« consuetudinis, dit-il, apud rerum peritissimos
« hoc modo intelligitur; tribus fistulis aereis in
« capite angusto inspiratur in capite, per quatuor
« vociductus æreas, per quem æreum fundamen-
« tum quaternas voces educunt et mugitum ni-
« mium vel eminentissimumque proferunt. » Le
reste de l'explication consiste en commentaires
mystiques qui n'apprennent rien. Or, comme nous
ne pouvons nous figurer une trompette à trois
petites anches et quatre pavillons, cherchons ailleurs les renseignements qui nous manquent ici.

TUBA. Le mot *tuba* est le nom générique : il
signifiait, chez les anciens, la trompette droite.
Elle devait être probablement la même au moyen-
âge. Elle était de cuivre, étroite à son embouchure,
et allait en s'élargissant jusqu'à son pavillon. Nous
n'examinerons pas ici si, chez les anciens, elle se
distinguait du cor droit, comme le dit Bartholinus
(*de Tibiis veterum*, p. 390); cela nous ferait sortir
de notre sujet. Nous devons dire cependant
qu'alors la trompette, désignée par le mot *tuba*,
servait à diriger les mouvements de l'infanterie
dans la marche et le combat; elle marchait en
tête des fantassins qui précédaient le triomphe; enfin elle était employée dans toutes les cérémonies et même dans les funérailles.

LITUUS. Le *lituus* était une trompette recourbée en forme de bâton augural; elle était réservée
à la cavalerie pour les mêmes circonstances où

la *tuba* était employée dans l'infanterie. Suivant Ammien Marcellin, c'était au son du *lituus* que les empereurs rassemblaient les soldats lorsqu'ils voulaient les haranguer.

Telles étaient, chez les anciens, les différences entre la *tuba* et le *lituus*. Existaient-elles encore au moyen-âge? Cela me paraît fort douteux. Abbon, dans son poëme *De Bellis parisiacæ urbis*, se sert des deux mots *tuba* et *lituus* dans des cas absolument semblables, et il est même difficile de croire que ces deux mots distinguent les mouvements de l'infanterie et ceux de la cavalerie, car ils se présentent dans des circonstances relatives à un assaut.

BUCCINA. Les anciens avaient aussi la *buccina;* c'était, chez eux, une trompette recourbée en cercle; elle passait par-dessous le bras gauche de celui qui la faisait résonner, de manière à ce que l'ouverture de l'extrémité supérieure se trouvait au-dessus de son épaule. On en faisait usage, à ce qu'il paraît, pour donner des signaux à de grandes distances, pour marquer les veilles de la nuit, et le moment de relever les sentinelles éloignées. Le moyen-âge nous présente, sous ce nom, un instrument qui se rapportait à celui-ci; car Ducange parle d'une *buccina porcilis*, qui doit être un vrai cornet à bouquin, et nous trouvons une *buccina* indiquée dans le poëme *De Laudibus Berengarii*, par un anonyme, tome VIII des Historiens de France. Dans le passage en question, c'est au son de la *buccina* que se rassemblent des chasseurs. Effectivement, la forme des cornets recourbés dont on se servait alors en pareille circonstance, peut bien avoir engagé l'auteur à choisir dans l'antiquité le nom d'un instrument d'une forme analogue. La *buccina* devait donc être le cornet recourbé employé à une époque plus récente, et que l'on retrouvera décrit plus loin.

Bartholinus parle ensuite (*De Tibiis veterum,* page 193) d'une trompette paphlagonienne de grande dimension, dont le pavillon représentait une tête de taureau. C'était probablement une idée semblable qui avait fait donner le nom de TAUREA à une trompette du moyen-âge. Le même auteur cite encore un instrument de la même espèce, nommé CARNYX par les Gaulois; elle était, comme la *taurea,* terminée par la représentation d'une tête d'animal. Le mot SALPINX, que l'on trouve cité par Athelmus et autres auteurs, avait probablement la même signification que le mot *tuba,* car la *tuba* des Latins était la trompette nommée σαλπιγξ par les Grecs. Au surplus, ce devait être une trompette de guerre; car dans Abbon le mot *salpinx* se trouve constamment réuni à celui de *classica,* qui signifiait la sonnerie de trompette précédant l'attaque. Or, la *tuba* était employée dans une circonstance semblable [1].

(1) Quelques auteurs se sont aussi servis de ce mot pour indiquer une trompette avec laquelle on convoquait les ci-

Je crois qu'il serait fort difficile d'expliquer au juste ce que c'était qu'un CLARO ; ce mot, ainsi que CLARASIUS et CLARIO, indiquait sans doute un cornet dont le son était éclatant. La chose me paraît au surplus de peu d'importance. De nos jours même, le sens du mot clairon est assez vague, et désigne ordinairement un instrument en usage dans nos compagnies de voltigeurs ; il tient le milieu entre la trompette, dont il a la forme, et le cor dont il se rapproche par le son.

Je pense enfin qu'il serait aussi inutile qu'embarrassant de chercher à préciser toutes les différences de la trompette. Les dénominations que nous avons citées ne sont pas les seules employées par les auteurs de la basse latinité. Ducange nous fournit encore les mots HADUBBA, LICINIA, SITICINES, TUBESTA, etc. Il est probable que les instruments ainsi désignés se ressemblaient beaucoup, et que, si les auteurs en ont diversifié les noms avec une telle abondance, c'est sur des motifs étrangers à leur nature.

Passons aux instruments de percussion. Les mots ACETABULA, *acitabula*, et CYMBALA, qui signifiaient cymbales, se présentent de manière qu'on ne peut découvrir quelle était la différence entre ces espèces d'instruments. Ainsi, au mot *acitabulum*, on trouve dans Ducange : «Cimbala,

toyens. Cependant le sens le plus ordinaire est celui que j'indique ici.

« acintabula sunt, quæ percussa ad invicem, se sic
« tangunt et sonum faciunt, sic dicta quod cum bal-
« lematica similiter percutiuntur. » Dans Isidore de
Séville, d'après Cassiodore (Gerbert, *Script. eccles.*,
I, 24), une semblable explication est donnée presque *identiquement dans les mêmes termes*, à l'exception que cet auteur se sert du mot *acitabula*,
au lieu d'*acintabula* employé par Ducange, d'a-
près une mauvaise leçon [1]. Il y avait encore un
autre instrument dont l'effet devait être analogue
à celui des cymbales. On trouve dans le 3ᵉ livre
du traité *De Musica*, de saint Augustin : « Velut
« cum symphoniaci scabella et cymbala pedibus
« feriunt certis quidem numeris et his qui sibi
« cum aurium voluptate junguntur, etc. » Le *sca-
bellum* était donc un instrument servant à marquer le rhythme, et qui était fixé au pied de celui
qui s'en servait. C'est encore par erreur qu'on le
trouve dans Ducange, au mot *Cabellum*. On le vit
figurer plus tard dans les cérémonies de l'Église.

Nous en sommes aux tambours : les auteurs
latins du moyen-âge nous présentent les mots
*taborellus, tabornum, tympanum, tympanellum, tym-
paniolum* et enfin *flagellum*.

TABORELLUS est le tambourin dont on se servait pour animer la danse. On trouve ce mot dans

(1) Le mot véritable est *acetubula*, en grec, οξοβαφα; c'était
des vases où l'on mettait du vinaigre, des espèces de patères
ou de cymbales. Voyez Bellermann : Ανωνυμον συγγραμμα περι
μουσικης, p. 28. Berlin, 1841, in-4º.

la vie manuscrite de Charlemagne par Aimeric
de Peyrac :

> Quidam taborellis rusticabant
> Quidam cabreta vasconizabant
> Levis pedibus persaltantes.

Ce mot se trouve à l'époque où l'on commen-
çait à employer la langue vulgaire dans les actes,
car Jeh. Erars, poëte avant 1300, se sert du mot
taburel. Cet instrument s'employait aussi dans les
processions; car on voit dans l'histoire de Nîmes
par Ménard, comptes de 1391, aux preuves du
t. 3, p. 124, col. 1 : « Quæ quidem processio facta
« in dicta villa cum omnibus mimmis, tam cor-
« darum grossorum instrumentorum, trompa-
« rum et taborellorum. » On le nommait aussi
tripudium. Voyez plus bas la citation de Gerson,
au mot *tambour.*

Le mot TABORNUM signifie un tambour; on
trouve dans le *Processus,* de Vita Saint-Yvonis,
t. 4, maii, p 553 : « Quod si essent hìc quatuor
« garicæ cum taborno diaboli. » Cet instrument,
dont le vrai nom était *tabur* ou *thabur,* était désigné d'une infinité de manières; ainsi on l'a appelé : *taburium, taburcinum, taborinum, tambur-
rum,* etc. Du reste, il est évident par les citations
où tous ces mots sont employés qu'il ne devait
pas représenter autre chose qu'un tambour.

Le mot TYMPANUM, paraît avoir eu plusieurs
significations; ainsi nous trouvons dans la lettre

attribuée à saint Jérôme : « Timpanum paucis ver-
« bis explicari opportet quia minima res est. Eo
« quod in manu mulieris portari potest, etc. » Ici
c'était probablement ce que l'on appelle ordinairement un tambour de basque que plus tard on a
nommé *tymbre*[1]. Cette explication concorde parfaitement avec celle donnée par saint Isidore, dans
le traité dont nous avons déjà parlé. De plus, ce
dernier auteur nous apprend que le *tympanum*
était frappé avec une baguette. Voici le passage :
« Tympanum est pellis vel corium ligno ex una
« parte extensum; est enim pars mediæ sympho-
« niæ in similitudinem crebri. Tympanum autem
« dicitur, quod medium est, unde et margaretum
« medium tympanum dicitur et ipsum ut sim-
« phonia ad virgulam percutitur. »

Les mots TYMPANELLUM , *tympaniolum*, sont,
à n'en pas douter, des diminutifs de *tympanum*;
la dimension était déterminée par l'emploi auquel
on le destinait. L'instrument que nous connaissons sous le nom de tymbales, a été ainsi désigné
par le mot *tympanum* : c'est le même qui plus tard
fut nommé *nacaires*.

D'après une citation de saint Isidore, la symphonie aurait été un instrument composé d'une

(1) Je ne sais si l'instrument que nous appelons aujourd'hui
tambour de basque, doit plutôt conserver le nom de *tambour
de Biscaye*, qui lui est donné par beaucoup d'anciens auteurs.
Se trouve-t-il en Biscaye? Je l'ignore; tout ce que je sais,
c'est qu'on n'en voit pas un seul dans tout le pays basque.

caisse en bois, aux deux extrémités de laquelle on tendait des peaux, l'exécutant les faisait résonner avec un bâton qu'il tenait à chaque main.

L'explication de cet auteur donnerait à entendre que l'on devait porter et jouer la *symphonie* à la manière d'une grosse caisse, et que les peaux devaient être inégalement tendues. « Simphonia », dit notre auteur, « vulgo adpellatur lignum cavum « ex utraque parte pelle extensa quam virgulis hinc « et inde musice feriunt fitque in ea ex concordia « gravis et acuti suavissimus cantus. » Tout cela se comprend parfaitement si ce n'est le *suavissimus cantus.*

Il faut cependant dire qu'à cette époque reculée, le mot *simphonia* avait un sens assez vague, car malgré l'explication que nous venons de donner, Prudence, lib. 2, in Symm. et Fortunat, lib. 4, de Vita sancti Martini, en font un instrument à vent, pendant que Mamotrectus, ad I Paralipomen cap. 12, donne ce nom à une lyre. Nous verrons plus bas que le mot *simphonie* fut employé pour désigner un instrument bien différent de ceux dont nous venons de parler.

Le mot CAMPANÆ, se traduit ordinairement par cloches, et NOLÆ par sonnettes, puisque cette dernière expression s'employait pour désigner des cloches d'une petite dimension. Les auteurs ecclésiastiques discutent fort longuement sur leur ancienneté. Vers le viiie siècle, le mot *clocca* ne signifia d'abord que sonnette, car on voit dans la

quatre-vingt-neuvième lettre de saint Boniface :
« Cloccam qualem ad manum habui, etc. » Il est
certain que dès une époque assez reculée, on fit
usage des cloches et des sonnettes, même hors de
l'église, en mélant à leur jeu quelques idées musicales. On en voit de nombreuses représentations : la description des concerts aux XIII° et XIV°
siècles en fait presque toujours mention; ce n'est
cependant que beaucoup plus tard que les caril-
lons furent établis.

Les CROTALES étaient simplement des grelots;
un passage de J. de Salibury ne laisse aucun doute :
« Crotala dicuntur sonoræ spherulæ, quæ quibus-
« dam granis interpositis pro quantitate sui, et
« specie metalli varios sonos edunt. »

A la suite d'un passage de Gerson relatif aux
tambours, on trouve : « Tripos insuper non gran-
« dis colybeus, hinc inde percussus. » Que pourrait donc être *tripos colybeus?* Je pense que ce devait être notre triangle; quelques modifications
faites à sa forme motivaient peut-être à cette époque l'emploi de ce mot. Dans tous les cas, je ne
puis comprendre autrement un trépied d'acier,
sur lequel on frappait à différents endroits. Gerbert, *de Cantu,* pl. XXIII, fig. 2 et 5, nous donne
la représentation de deux figures copiées sur un
manuscrit de saint Emeran, qui expliquent assez
bien ma supposition (*pl.* III, *fig.* 1 et 2 de notre
recueil).

Passons à des instruments à vent autres que

ceux dont nous avons déjà parlé. Les mots *cala-
molla*, *calamollus*, signifiaient une espèce de fifre
droit. A cet égard, malheureusement les détails
nous manquent ; il paraît certain que de ce mot
est venu *chalemelle* et *chalemie*, et plus tard *chalumeau*. Même supposition doit être faite relativement à la CERAMELLA citée par Sanutus, lib. II,
part. IV, cap. VII. Cet auteur fait seulement entendre que cet instrument différait de la flûte, car
il dit : « Expedit ut in omni exercitu, et speciali-
« ter in aquali, tibiæ, tubæ, buccinæ, ceramellæ,
« et omnia instrumenta resonantia..... deferan-
« tur. »

La DULCIANA devait être la douçaine si souvent citée aux XIII° et XIV° siècles ; nous en parlerons avec les instruments de cette époque. Le
FRITILLUS était sans doute le *frestel*.

Chez les anciens on nomma primitivement *pythaules* des joueurs de flûtes de Pythie. Plus tard,
on désigna par ce mot l'instrument que nous
nommons *musette*, et qui était connu de l'antiquité, puisque l'on trouve dans la Copa de Virgile :

> Ebria formosa saltat lasciva taberna
> Ad cubitum raucos excuticns calamos.

Le mot STIVA, le même que *estive*, employé
plus tard, et cité par Ducange, doit être aussi,
selon cet auteur, un instrument semblable à la
musette. Je suis de son avis, bien que je n'aie pas
trouvé plus de preuves que lui à cet égard.

Parmi les instruments à cordes de cette époque reculée, figure le CIRCULUS, qui devait être une harpe d'après le passage suivant : « Qui harpato-« rem, qui cum circulo harpare potest, in manu « percusserit. » *Lex anglorum Weterinorum*, tit. 5, § 20. Il est probable que le *circulus* devait son nom à sa forme arrondie.

Le DECACORDUS était un psaltérion à dix cordes tendues de haut en bas, et non horizontalement, comme cela eut lieu dans le moyen-âge, à une époque plus avancée. En effet, nous trouvons dans la lettre à Dardanus : « Exurge psalterium et « cithara non in modum citharæ, sed quasi in mo-« dum clypei quadrati formatur cum cordis sicut « scriptum est in psalterio decem cordarum sed « hinc cordæ ejus contrariæ sunt ut surgentes ab « inferis ad cœlorum regna per indicium manuum « concitantis ab imo in altum significarent. » Il est possible que cette citation ne paraisse pas concluante. En effet, on pourrait penser que l'auteur a voulu dire que les cordes graves étaient placées dans la partie inférieure de l'instrument, et que les cordes aiguës étaient dans le haut; qu'enfin elles devaient être attaquées en commençant par les premières. Je crois pouvoir répondre à cette objection que la disposition proposée paraît être indiquée dans une figure que l'on trouve dans le MS. 1118, fonds latin, Bibl.-Roy., et dans le *de Cantu et musica sacra* de Gerbert (Voyez notre *pl.* III, *fig.* 3, 4 et 5). On peut cependant dire que, dans ce dernier auteur, les cordes du psaltérion « in modum clypei, » semblent placées horizontalement.

La SAMBUCA était, d'après Pappias, une cythare grossière. Isidore de Séville (*De Musica,* cap. vii, *Scriptores eccl.,* Gerbert) en fait cependant un instrument de percussion ; il dit : « Sambuca in « musici species est simphoniarum, est enim ge-« nus ligni fragilis, unde et tibiæ componuntur. » Or, on peut voir plus haut ce que cet auteur dit de la symphonie. La *sambuca* est présentée dans la lettre à Dardanus comme une espèce de trompette de bois à l'usage des Hébreux.

Le SUEGALUM est indiqué par Rhabanus Maurus auteur du xiiiᵉ siècle comme étant une flûte ; c'est probablement le vieux mot *swegel* latinisé ; il signifiait flûte douce dans les anciens poëtes allemands. On le trouve dans le dictionnaire de Walter, sous la forme *schwiegel,* et il signifie, selon lui, un jeu de l'orgue de Sainte-Marguerite de Dantzig, lequel a été inventé en Belgique. Koch, dans son dictionnaire, le nomme *schwagel,* forme qui se rapproche davantage de son origine. D'après sa description, ce devait être un galoubet.

Les mots CITOLA, LAUDIS, LEUTUS, LUTANA, PANDORA, désignent les instruments connus plus tard sous les noms de citole, luth et pandore.

Si je passe tous ces mots sous silence, aussi bien que ceux de *cythara* et *psalterium* que l'on rencontre si souvent, c'est que ces instruments et surtout les deux derniers, très employés et très connus, sont traités plus loin sous les noms français qui les désignent; c'est aux mots *cythare, psaltérion, luth, pandore,* etc., que l'on trouvera les détails qui les concernent.

Outre les instruments dont je viens de parler, il y en a encore dont les noms se présentent d'une manière isolée, et par conséquent presque sans renseignement; ainsi, Pappius en cite plusieurs que l'on ne voit nulle part, CANTES, selon lui, signifie un tuyau d'orgue. D'après Suidas, le FLAGELLUM est un instrument de percussion en usage chez les Indiens, etc. (Ducange, voyez ce mot). Quelquefois les renseignements sont d'une obscurité décourageante, telle est la trompette définie dans la lettre de saint Jérôme; nous en avons déjà parlé plus haut. L'instrument nommé *bunibulum* ou BOMBULUM, dont la description s'y trouve également, est tout-à-fait dans le même cas [1].

On ne retrouve nulle part la BAUDOSA citée par Aymeric de Peyrac dans la vie de Charlemagne.

> Quidam Bodosam concordabant
> Plurimas cordas cumulantes.

C'était un instrument à cordes sans doute ; mais comme il n'y a que cet auteur qui en parle, on ne doit rien décider; on peut seulement supposer que les cordes en étaient pincées, car plus

---

(1) Voyez dans la lettre de saint Jérôme, à la suite de ce mémoire, le passage relatif au *Bunibulum fistulam quoque,* etc.

loin on voit dans le même morceau : « Quidam « rebecam arcuabant. » Cette distinction fait donc penser que la *baudosa* était d'une espèce différente du rebec[1].

Il me semble fort difficile de préciser ce que devait être le RIGABELLUM, le TORSELLO et le NINFALI. Sansovino[2], en disant qu'ils étaient en usage dans l'Église, ne donne que fort peu de renseignements. Il nous apprend seulement que le *torsello* se jouait avec deux petits bâtons[3]. C'était donc une espèce de tympanon. Quant au *ninfali,* cet instrument se suspendait à la ceinture de l'exécutant, dont la main gauche se promenait sur un

(1) Ne peut-on pas penser que c'est une mauvaise leçon; en effet, cette pièce de vers, que je donnerai à la fin de mon travail, se trouve dans deux manuscrits de la Bibliothèque royale, nᵒˢ 5944 et 5945; or, dans le 5944, ce n'est pas *baudosam,* mais *blandosam.* On voit donc qu'il n'y a rien de fixe sur le mot. En raison du vague qui règne à cette occasion, je crois pouvoir hasarder une supposition. Ne serait-ce pas *bandoram ?* En effet, la pandore ou bandore était un instrument à cordes pincées, qui ne figure pas dans la nomenclature d'Aymerie de Peyrat, bien qu'elle existât de son temps, et dont le nom est très facile à retrouver dans *baudosam,* en supposant que ce mot ait été écrit d'une manière incorrecte dans le manuscrit original, et défiguré maladroitement par un copiste ignorant. Dans tous les cas, je pense que c'est le même instrument sous un autre nom.

(2) Venezia descritta, p. 179, édit. 1604, in-4.

(3) Il m'est impossible de partager l'opinion d'après laquelle le *torsello* serait un orgue dont la structure était assez grossière, pour être obligé de se servir de bâtons en le jouant. En effet, en se reportant à la citation précédente, on voit que le

petit clavier. Était-ce un petit psaltérion à touche?
Je l'ignore. Enfin Sansovino ne dit rien sur le *rigabellum;* je pense que ce devait être un psaltérion, car le mot *riga,* d'après le Dictionnaire de
la Crusca, signifie *linea, fila.* Ce nom avait peut-
être été adopté en raison des cordes qui se trouvent sur l'instrument en question. Ce qui m'en-
hardit à émettre cette opinion, c'est que le *torsello* et les *ninfali,* qui, d'après l'auteur cité, ont

torsello fut apporté à Venise par un Allemand qui le dédia
à Sanuto, connu plus tard, dit-on, sous le nom de Sanuto
Torsello[1]. Or, il vivait au xvıᵉ siècle, et depuis longtemps
l'orgue à clavier et joué avec les doigts était en usage. D'ailleurs, comment croire que les *ninfali* qui, d'après notre auteur, étaient portatifs et se jouaient de la main gauche, dont
par conséquent la construction était assez délicate, comment
croire, dis-je, que les *ninfali* aient pu remplacer immédiate-
ment un instrument aussi grossier que celui dont il aurait
fallu frapper les touches avec des bâtons? En suivant même
cette idée, on ne comprend guère le résultat d'une exécution de ce genre; qu'un clavier soit assez dur pour exiger
que l'exécutant y mette les poings, cela se conçoit, car
dans ce cas la pression a une certaine durée, et c'est ce
qui est nécessaire, au lieu que le résultat d'une exécution à
coups de bâton aurait été de briser les touches, et l'effet n'en
eût été qu'instantané. J'ai tout lieu de penser que le *torsello*
et les *ninfali* n'étaient pas autre chose que le *dulce melos*
de la première et de la deuxième espèce. Voyez plus loin au
mot *dulcimer.*

(1) Ce renseignement, que l'on trouve dans la *Venezia descritta,* de
Sansovino, est probablement hasardée; car, dit la *Biographie universelle,* article *Sanuto Marin,* le père et les frères de Marin portaient le
même surnom de *Torsello,* qu'ils tiraient vraisemblablement de la ville
de ce nom.

été employés depuis le *rigabello*, en auraient été des perfectionnements. Sansovino dit aussi que le *torsello* se trouve sur *la porte* de la Charité de Venise. Cette manière de désigner l'entrée d'un monument semble indiquer la porte unique, ou la porte principale. Or, dans tous les dessins que j'en ai pu trouver, je n'ai vu, comme dessus de porte de ce monument, qu'un groupe représentant une Vierge avec l'enfant Jésus. Ils sont adorés par des anges vêtus en religieux, et aucune figure ne tient d'instrument. La représentation dont il est question a probablement été remplacée, ou bien, peut-être, l'auteur s'est-il mal expliqué.

Il y a encore un instrument dont on voit très souvent le nom figurer dans les traités de musique des x᷎ et xı᷎ siècles; c'est le MONOCHORDUM. A cette époque, il n'était pas destiné à exécuter un morceau de musique; c'était simplement une corde tendue sur une petite caisse sonore, garnie de chevalets mobiles, dont les places étaient fixées d'avance par le calcul des théoriciens. Le *monochordum* servait donc à vérifier la justesse des intonations de la voix. Il faut bien se garder de le confondre avec le *monocorde*, dont nous parlerons lorsque nous en serons à examiner les instruments des xıv᷎ et xv᷎ siècles.

Je dois aussi faire observer, avant de finir la période pendant laquelle on est obligé de consulter les auteurs qui ont écrit en latin, que les manuscrits et les ouvrages imprimés présentent quelquefois de mauvaises leçons : ainsi on trouve dans Bède le vénérable, le mot *atola*, qui doit, sans aucun doute, ne pas être autre chose que *citola* mal lu. Dans un autre auteur, on trouve *fiala*, qui est peut-être *fiola*, ou plutôt *viola; vitula* remplace aussi *viola; cletaria* doit probablement être *citola;* ailleurs on trouve *guiderne*, qui doit sans doute se lire *guiderna*, ou plutôt *guiterna.* On peut voir aussi à cette occasion la note de la page 18 au sujet du mot *baudosa.*

Je terminerai ici la nomenclature des instruments cités par les auteurs de la basse latinité. Je n'ai pas la prétention de n'en avoir oublié aucun; la chose eût été impossible, et je pense que des recherches plus approfondies n'eussent pas rapporté autant qu'elles auraient coûté. J'ai l'espoir qu'on me pardonnera le vague de mes interprétations, en considération de l'incertitude des renseignements dont je pouvais disposer, incertitude résultant de l'obscurité qui règne toujours aux époques où une langue se perd pour faire place à une autre. Je termine ce qui est relatif à cette période, en faisant observer que le lecteur instruit pourra souvent déterminer d'une manière fixe les différences entre les espèces d'instruments, d'après les circonstances accessoires du récit ou de la description donnée par l'auteur.

Nous sommes arrivés maintenant à une époque qui présente moins de difficultés, sans cependant en être entièrement exempte. Il est vrai que les renseignements sur la musique y sont encore peu précis, et les idées peu arrêtées; mais comme elles vont en se développant, si nous suivons certains instruments dans les transformations qu'ils ont eu à subir, depuis l'origine de la période que nous avons déjà examinée, jusqu'à la fin de celle qui nous reste à parcourir, nous voyons, petit à petit, la musique instrumentale sortir du chaos où elle se trouvait plongée.

A la fin du xii° siècle donc, on peut diviser les instruments en trois classes : les instruments à cordes, les instruments à vent et les instruments de percussion. Cette subdivision se conservera, seulement, peu à peu les instruments de percussion diminueront d'importance, et les instruments à cordes et à vent prévaudront de plus en plus, en s'avançant vers l'époque où nous vivons.

Les instruments à cordes sont de trois espèces : ceux dans lesquels les sons s'obtiennent par le frottement, ceux dont les cordes sont pincées avec les doigts ou avec un plectre, et enfin ceux dont les cordes sont frappées.

Les instruments joués par frottement dans le moyen-âge, sont : *la viole,* ou *vielle,* qui se jouait comme notre violon; *la rote,* type des instruments à archets, placés verticalement entre les jambes ou sur les genoux de l'exécutant, enfin *la simphonie,* qui n'était autre chose que la vielle actuelle.

La viole, ou *vielle,* est devenue, sous le nom de violon, le roi des orchestres et l'âme de toute

exécution musicale un peu importante. Je ne re-
chercherai pas si son origine remonte à l'antiquité,
Il me paraît impossible de l'admettre. Quelques
écrivains ont voulu le faire descendre du chelys,
ancien instrument qui se jouait au moyen d'un
plectre. Cet instrument était dépourvu de ce qui
distingue principalement lé violon, l'archet qui
fait toute sa puissance.

On a prétendu longtemps que le violon était romain d'origine, et cette idée était basée sur la représentation de deux violons fort distincts, di-
sait-on, que l'on voit sur une médaille de la famille Scribonia. Cette opinion n'est pas soute-
nable. La médaille est à la Bibliothèque royale, et
les deux lyres que l'on y voit sont trop bien mar-
quées, pour que la discussion puisse se prolonger
en présence de la pièce de conviction. Une petite
statue d'Apollon, jouant d'une espèce de violon
avec une espèce d'archet, et qui se trouve à Flo-
rence, dans la Tribune du Grand-Duc, pouvait
faire naître quelques doutes à ce sujet. La statue
a été jugée moderne par Winkelmann; elle ne
peut donc plus être admise comme renseignement.
Dans cette question, il faut surtout bien se méfier
des monuments, renouvelés de l'antique à l'époque de la renaissance, et dans lesquels les divi-
nités anciennes étaient représentées avec des habitudes modernes.

Les plus anciennes traces des instruments à
archet que j'ai rencontrées dans le moyen-âge,

remontent au xi° siècle. Ainsi, dans un manuscrit
de cette époque (n° 1118, fonds lat., Bibl. roy.),
on trouve, avec d'autres figures de joueurs d'instruments, un individu dont la tête est ceinte
d'une couronne, et qui promène un archet sur
une sorte de violon placé verticalement sur ses
genoux (fig. 6, pl. III). Un chapiteau de l'abbaye
de Saint-George-Bocberville (xii° siècle), nous présente un renseignement encore bien plus précis,
car, dans ce monument, une figure joue d'une
viole placée entre ses jambes, tandis qu'une autre
figure joue d'un violon semblable au nôtre. L'instrument et les mains de l'exécutant sont posés
absolument de la même manière que de nos jours.
Un corbeau, ou modillon que l'on voit dans la
même église, est décoré d'un joueur de violon dont
la bouche est ouverte, ce qui ferait supposer qu'il
s'accompagne de son instrument, qui est monté
de quatre cordes. Au surplus, la pose de ce dernier exécutant est beaucoup plus négligée que
celle de la figure représentée sur le chapiteau. On
trouve dans Struth *a compleat, vievv of the manners,
costums, etc., of the inhabitans of england*, tom. I,
tab. xix, plusieurs miniatures représentant des
ménétriers; un, entre autres, accompagne un jon-
gleur. Les deux individus sont revêtus du costume
saxon du xi° siècle.

Telles sont les plus anciennes représentations
des instruments à archet dont j'aie connaissance. Je
me hâte de dire que pour le nombre de cordes dont

ils étaient montés et leur construction, ils différaient
complétement du violon de nos jours. Les formes
étaient très variables; en effet, les manuscrits des
XIIIe, XIVe et XVe siècles nous présentent des violons construits de toutes sortes de manières. La
plupart sont faits comme des mandolines (fig. 7,
pl. III); le manche est alors plutôt un prolonge-
ment de la table, qu'une partie séparée de l'instrument; d'autres sont en forme de soufflet, de trapèze, ou de cœur; les uns sont dépourvus des
échancrures de la table, qui permettent à l'archet
d'attaquer les deux cordes extrémes; d'autres sont
faits comme des guitares, c'est-à-dire que l'instrument est plus étroit au milieu; mais, dans ce cas,
son centre est orné d'une rose, et l'on n'y voit pas
de chevalet. Comment comprendre alors que les
cordes intermédiaires puissent être atteintes par
l'archet? Martin Agricola, dans sa *Musica instrumentalis,* imprimée en 1529, représente des violons dont les uns sont en forme de guitare, et sont
montés de trois et quatre cordes, et les autres
sont faits comme des mandolines. La touche des
premiers est garnie de sillets, comme nos guitares,
et les seconds, qui ont un chevalet, en sont dépourvus. Les uns, comme les autres, sont joués
avec un archet. Je répète ce que j'ai dit tout à
l'heure. Comment faisait-on résonner la corde du
milieu du violon sans chevalet? Cela ne pourrait
avoir lieu que dans le cas où l'instrument eût
été monté d'une manière toute différente de celle

où nous le voyons aujourd'hui. Il aurait fallu que la queue, ou le morceau de bois sur lequel les cordes sont attachées, fît une saillie très arrondie sur la table, de sorte que la courbure de notre chevalet fût remplacée par cette disposition. Je pense qu'il pourrait bien y avoir ici quelque inexactitude. On verra plus bas ce que je dis, quant au degré de confiance que l'on doit avoir en cet auteur.

Tâchons maintenant de connaître quelles étaient les notes que devait produire le violon. Le plus ancien auteur qui nous éclaire sur ce point est Jérôme de Moravie; il vivait vers le milieu du xiie siècle. D'après l'examen du traité qu'il nous a laissé, et d'autres renseignements, on voit que le violon d'alors se subdivisait en différentes espèces : *la vielle* proprement dite, ou *viole, la rubebbe, la rote*, et enfin *le rebec*, généralement regardé comme un violon rustique, formaient la famille des instruments à archet. L'auteur dont je parle ne dit rien de ce dernier; lorsque j'en serai arrivé à le décrire, j'expliquerai ce que j'ai pu trouver sur son compte.

Examinons dans la VIELLE, ou VIOLE, *la rubebbe* et *la rote*.

La VIELLE n'était pas, au moyen-âge, l'instrument que nous nommons actuellement ainsi, et dont nous parlerons plus tard. La vielle de nos jours était alors appelée *symphonie*, ou *chifonie* [1].

Jérôme de Moravie dit : « Est autem rubebba

(1) V. plus bas l'instrument désigné sous le nom de *simphonie*.

« musicum instrumentum... quod quidem sicut et
« viella et cum arcu tangitur. » La vielle se jouait
donc avec un archet, d'après ce que nous dit le
même auteur. Cet instrument était plus aigu que *la
rubebbe*. J'en traiterai d'abord, et mes observations
porteront ensuite sur les instruments plus graves [1].

La vielle, instrument à cinq cordes selon notre
auteur, s'accordait de trois manières :

(1) Je ne suis point du tout de l'avis de Perne, qui pense
que la vielle et la rubebbe devaient se tenir verticalement
sur les genoux. En effet, dans l'article qu'il a donné à ce sujet
(*Revue musicale*, vol. 2), il dit, p. 462 : « Si l'on applique le
« doigt du milieu près de l'index dans le milieu » ce dernier
mot donne lieu à une note « IN MEDIETATE , dit l'auteur;

Il est essentiel de faire remarquer une circonstance assez singulière, qui existe dans la première
manière d'accorder la première corde. Selon Jé-

rôme, elle donnait à vide la note    qui

était placée en dehors du manche, et servait de
bourdon. On la jouait probablement en double
corde, en même temps que la 2ᵉ, ou pizzicato,
avec le pouce de la main gauche. Dans la seconde
manière d'accorder la vielle, il y avait un léger
perfectionnement. La 1ʳᵉ corde, *ré*, n'était plus
en dehors du manche; elle était placée sur la touche pour qu'on pût obtenir les notes *mi*, *fa*, qui
manquaient entre l'*ut*, qui se faisait avec le petit
doigt sur la 2ᵉ corde, et le *sol* donné par la 3ᵉ corde
à vide. Le manche de la *vielle* devait donc être
plus large que celui de notre violon, puisqu'il fallait y placer cinq cordes assez écartées les unes

« nous croyons qu'il veut dire le doigt en appuyant la pha-
« lange du milieu, ce qui pourrait faire croire que celui qui
« jouait de la rubebbe et de la vielle devait tenir l'instrument
« sur ou entre les genoux, puisque s'il l'eût tenu sur la clavi-
« cule près de l'épaule gauche, comme nos violonistes mo-
« dernes, il n'aurait pu former les sons qu'en appuyant les
« doigts par le milieu de leur extrémité. » Tout ce raisonne-
ment peut être ingénieux, mais il pèche par sa base. J'ai le
manuscrit sous les yeux, et il m'est impossible de lire, fol. 185,
verso, seconde colonne, dernière ligne, autre chose que : « Si
« autem digitum medium applicat juxta indicem *immediate* »,
et non in medietate, etc.

des autres pour que l'on pût jouer séparément sur chacune.

La seconde manière d'accorder l'instrument présentait, à une note près, le système musical de son époque, sous le point de son étendue et sous celui de son principe harmonique. Ainsi l'échelle présentée par Gui d'Arezzo, s'étendait

depuis le [notation musicale] jusqu'au [notation musicale], et si la

vielle ne faisait pas cette note et s'arrêtait au *ré*, c'est que probablement il aurait fallu démancher, ce qui n'était pas encore en usage dans le jeu de ces instruments. En considérant la *vielle* harmoniquement, l'accord de la première corde au bourdon semblera au premier abord assez extraordinaire, car dans tout système raisonnable, l'ordre doit être conséquent; ainsi, comme l'accord en général va du grave à l'aigu, on devrait penser que la note la plus grave serait donnée par la première corde; ici, il faut considérer la deuxième corde comme étant en réalité la première : celle qui la précède ne doit se présenter que comme accompagnement; mais comme elle ne peut raisonner qu'à vide, il faut donc qu'elle soit, relativement aux autres cordes, dans une condition toute particulière. Or elle est à la quinte supérieure de la seconde corde et à la quarte inférieure de la troisième. En effet, on voit comme principe établi dans le huitième chapitre du VII° livre du *Speculum musicæ*, de J. de Muris : « Quare dia-« tessaron voces melius concordat supra diapente « quam sub. » Ce qui veut dire qu'à cette époque la division harmonique de l'octave devait être telle, que le son qui partageait l'intervalle entre les deux extrêmes était à la quinte supérieure de la note grave et à la quarte inférieure de la note

aiguë ainsi :

Telle est, je pense, la véritable raison de l'accord adopté pour cette corde isolée du manche.

L'auteur ajoute que : « Cette seconde manière est nécessaire aux laïcs et à tous ceux qui veulent jouer tous les chants irréguliers. »

En effet, cette manière d'accorder présente plus d'étendue et se trouve en rapport avec la supposition toute naturelle que la musique profane a toujours été plus fleurie et plus compliquée que la musique d'église.

Je pense que la troisième manière d'accorder la *vielle* est postérieure à la seconde, et par conséquent à la première; en effet, le système en est moins étendu, il est vrai, mais au moins l'accord est plus raisonné. Il est probable qu'alors ce nouveau système était adopté pour pouvoir présenter, dans les deux premières cordes, le cinquième et le sixième tons ecclésiastiques. Cette disposition permettait ainsi d'employer la première corde à vide *sol*, comme bourdon, dans le cinquième ton transposé une quarte au grave qui représentait notre gamme d'*ut*. On trouve des exemples de cette disposition dans le jeu de Robin et Marion, d'Adam de la Halle. Les compositeurs de cette époque furent souvent amenés par leur instinct à la gamme qui devait finir par l'emporter, lorsque des idées plus saines auraient enfin fait prévaloir la pratique sur les idées spéculatives.

Avant de terminer ce que j'ai à dire sur la *vielle* d'alors ou notre violon d'aujourd'hui, je vais exposer ce que je sais sur deux instruments qui, à une époque reculée, avaient un grand rapport avec la vielle.

La RUBEBBE, également décrite par Jérôme de Moravie, était un instrument qui se jouait avec un archet, et qui se tenait de même que la *vielle*. Elle n'avait que deux cordes, et son accord était ainsi

disposé  .Telle était donc son éten-

due. Je pense que

la *rubebbe* fut la première idée qui, en se perfectionnant, produisit la *vielle*. On continua cependant à en jouer conjointement avec l'instrument perfectionné, car on les voit figurer ensemble dans les nomenclatures d'instruments.

Voyons maintenant ce qu'était la ROTE. Ceux qui ont écrit sur l'histoire de la musique ont généralement pensé à tort que le nom de *rote* lui avait été donné en raison de la roue qui servait à tirer les sons. Ce mot était donc considéré comme désignant l'instrument qui de nos jours se nomme *vielle*. J'ai déjà dit qu'au moyen-âge, il portait le nom de *symphonie;* cependant il est bien certain qu'un instrument portait le nom de *rote*, et ce n'était pas la *symphonie*, puisque l'on trouve ces deux mots en regard l'un de l'autre dans une très grande quantité de passages[1]. Il est donc évident que la *rote* était différente de la symphonie, et comme

(1) Rote, harpe, vielle, et gigue et ciphonie.
(Roman d'Alexandre.)

> Et ciphones et vielles
> Rotes et harpes et museles.
> (Roman d'Athis et Prophilias.)

> N'orgue, harpe, ne chyfonie,
> Rote, vielle et armonie.
> (Estoire de Troie-le-Grant.)

> Et de harpe et de chiphonie,
> De la gigue et de l'armonie
> El salteire et en la rote.
> (Les deux Bordeors Ribaux.)

> Vielle est jeux pour les moustiers,
> Aveugles chiphonie aura
> Choro bruit, rothe ne plaira.
> (Eust. Deschamps.)

. . . . . . Sit viella, sit simphonia, sit lyra, sit rota, sit guiterna.
(Gerson III, p. 628.)

Gerson, dont nous présentons plus bas une citation, décrit la *symphonie* comme étant la vielle de nos jours, le mot *rote* ne doit pas représenter la même idée.

Cette erreur avait une base raisonnable, sans doute; mais ceux qui ont voulu établir la nature de l'instrument sur une étymologie auraient dû, je pense, y apporter plus de réserve; car ce nom ne s'écrit pas seulement *rote*. Voyez Ducange; ce n'est pas seulement au mot *rota*, mais à *rocta* qu'il la place. Dans une citation de Notker, que l'on va voir plus bas, on trouve *rotta*, et cette orthographe est d'autant plus à remarquer qu'elle est présentée d'une manière étymologique. Dans les manuscrits en langue vulgaire, le mot *rote* se rencontre souvent il est vrai, mais on voit aussi *rotte*, *route*, et le plus ordinairement même *rothe*[1]; il n'y a donc pas de raison pour adopter le mot latin *rota*, comme se rapportant à son origine. Je dois avouer cependant que dans toutes les citations que j'ai exposées dans la note de la page 32, rien ne me donne à penser de quelle nature était cet instrument. Au premier abord on penserait avoir trouvé le sens cherché dans une citation de Notker, relativement au symbole d'Athanase, laquelle est aussi rapportée par Schilter au mot *rotta*. « Sciendum

---

(1) On m'objectera peut-être que cela n'a pas lieu dans les citations de la page 32; je répondrai qu'elles ont été choisies de manière à prouver que les auteurs du moyen-âge distinguaient la *vielle*, la *rothe* et la *symphonie*.

« est, inquit, quod antiquum psalterium instru-
« mentum decachordum, utique erat, in hac videli-
« cet deltæ litteræ figura multipliciter mystica. Sed
« postquam illud symphoniaci quidam et ludicrato-
« res, ut quidam ait, ad suum opus traxerant, for-
« mam utique ejus et figuram commoditati suæ ha-
« bilem fecerant et plures chordas annectentes et
« nomine barbarico *rottam* appellantes, mysticam
« illam trinitatis formam transmutando. » Ce passage ne nous apprend pas grand'chose : il donne
à entendre seulement que le psaltérion a été l'origine de la *rote*, qui était un instrument à cordes.
En effet, d'après ce que j'ai dit plus haut au mot
decachordus, tout porte à croire que dans le psaltérion de cette espèce, les cordes n'étaient pas
horizontales, mais dans une direction analogue
aux deux montants du Δ. Il y a loin sans doute
de cet instrument au violon; mais dans tous les
cas la disposition des cordes est la même, circonstance fort importante dans un instrument de
nouvelle création. Comme nous ne sommes pas
encore éclairés sur l'objet de notre recherche,
consultons d'autres auteurs pour en obtenir des
renseignements nouveaux. Venance Fortunat dit,
(lib. VII.)

> Romanusque lyra, plaudat tibi barbarus harpa,
> Græcus Achilliaca, *chrotta* britanna placet.

Cette citation qui coïncide avec l'épithète de
barbare, donnée au mot *rotta,* par Athanase, nous

autorise à penser que cet instrument était origi-
naire d'Angleterre. Or, cette supposition est con-
firmée par une autre assertion que l'on trouve dans
la collection de Leland, vol. IV, p. 135, où, parmi
quelques termes latins qu'il traduit en saxon,
le mot *liticen* est rendu par *cruth*, ce qui se
rapporte au reste avec plusieurs écrits où les
instruments gallois sont appelés *crwth*. On voit
le dessin d'un instrument qui a quelque analogie
avec le *crwth* gallois, dans les ornements extérieurs
de l'abbaye de Melross, en Écosse, qui fut fondée
sous le règne d'Édouard II. Ensuite on trouve,
dans Hudibras, le mot *crowdero* pour désigner un
ménétrier, et *crowder* a conservé la même signification, dans quelques parties de l'Angleterre, pour
indiquer un violon. Vers la fin du siècle dernier,
il existait encore un individu de l'île d'Anglesey,
jouant du *crwth*. La description de cet instrument se trouve dans le III⁰ vol. de l'*Archéologie*,
p. 30. C'est à cette source respectable que je
dois ce que je viens d'avancer sur le *crwth*
(fig. 8). Je n'aurais pas été chercher un renseignement si loin, si je n'y eusse été encouragé par
une analogie singulière entre ce nouvel instrument et la *vielle*, décrite par J. de Moravie. Le
crwth, donc, était une caisse en forme de trapèze; elle était percée, dans le haut, des deux côtés, et le vide permettait à la main gauche de se
servir de la partie restant au milieu, comme d'un
manche, à la manière d'un violoncelle, car cet in-

strument se jouait verticalement avec un archet, et son accord était :

Il avait donc six cordes, et par une ressemblance assez remarquable avec la *vielle*, dont j'ai parlé plus haut, les deux premières, au grave, étaient en dehors de l'instrument, et se jouaient pizzicato avec le pouce de la main gauche, en manière de bourdon. On peut aussi observer l'extrême analogie qui existe entre l'accord du *crwth* et la troisième manière d'accorder la *vielle*, rapportée par J. de Moravie. Je pense donc que ces deux espèces d'instruments sont de la même famille, et proviennent d'une origine commune. Un fait que je ne dois pas passer sous silence, c'est que le personnage dont j'ai déjà parlé, et qui se trouve dans le manuscrit 1118, Bibl. roy., joue un instrument absolument semblable au *crwth*. D'après toutes ces analogies, je pense que le *cruth* gallois, ou la *crotta britanna* dont parle Fortunat, est l'instrument désigné, au moyen-âge, sous le nom de *rote,* par une grande quantité d'auteurs.

Maintenant, revenons à la vielle, et suivons cet instrument à archet à une époque postérieure. Nous trouvons sur son compte quelques renseignements dans la *Musica instrumentalis* de Martin Agricola (1529), ouvrage d'une obscurité désolante.

Le système des vielles, ou violons, se divisait

en dessus, haute-contre, taille et basse. L'auteur dit qu'il ne parle pas de la manière d'accorder la haute-contre, parce qu'elle est toujours semblable à la taille.

Prœtorius, dans ses *Syntagma musicum*, vol. II, p. 26, sous le n° 22, donne la tablature des violons dont on se servait de son temps en Allemagne (1619); c'est, comme on va le voir, celle du violon de la troisième espèce d'Agricola.

Il est fort curieux d'examiner le système des violons exposé par Mersenne, dans son *Harmonie universelle*, livre des instruments, p. 179 et suiv. Il nous apprend que l'on se servait alors de cinq violons, savoir : la basse, la haute-contre, la taille, le dessus, auxquels on avait coutume d'ajouter une cinquième partie intermédiaire avec la taille et la haute-contre, entre le dessus et la basse; effectivement c'est ainsi que Lully dispose son orchestre dans ses grandes partitions (celles qui sont imprimées). Le livre de Mersenne se trouvant partout, j'y renvoie le lecteur.

La première espèce de violon d'Agricola, et qui paraît la plus ancienne, est montée de cinq cordes au-dessus[1], cinq à la taille et six à la basse. Leur réunion présente cette étendue.

(Voir ci-après.)

(1) La vielle avait le même nombre de cordes au XIIIe siècle. En effet, Elie Salomon, auteur de cette époque, dit : « Sicut « vidimus quod in viella non sunt nisi quinque chordæ et « tamen secundum diversitatem tactuum cordarum, etc. » *Scriptores Eccles.*, III, p. 20.

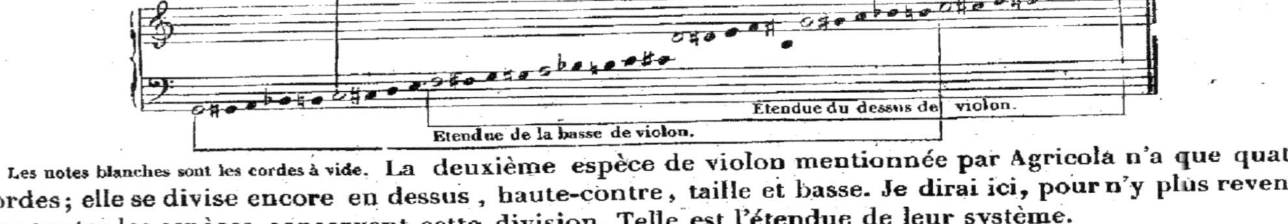

Les notes blanches sont les cordes à vide. La deuxième espèce de violon mentionnée par Agricola n'a que quatre cordes; elle se divise encore en dessus, haute-contre, taille et basse. Je dirai ici, pour n'y plus revenir, que toutes les espèces conservent cette division. Telle est l'étendue de leur système.

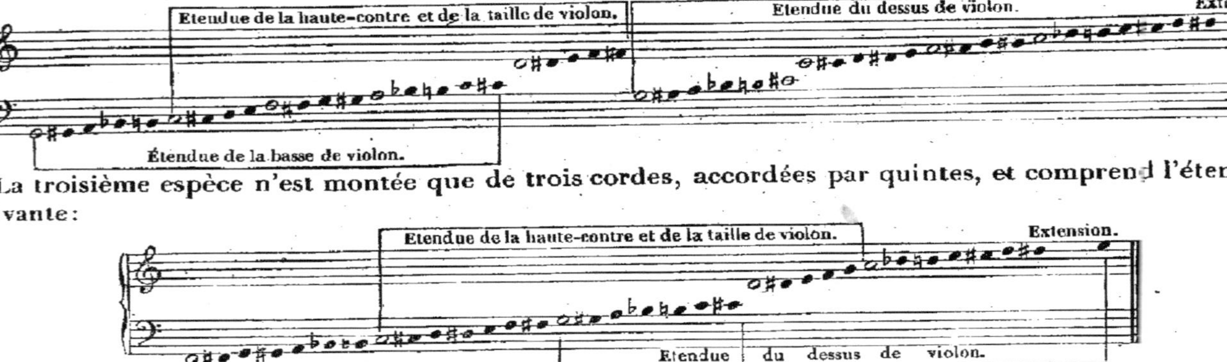

La troisième espèce n'est montée que de trois cordes, accordées par quintes, et comprend l'étendue suivante:

Agricola donne la représentation de ces deux dernières espèces; les manches de ces instruments se trouvent garnis de sillets comme ceux des guitares actuelles; le nombre de ces sillets varie. Ainsi, d'après cet auteur, le dessus de violon de la deuxième espèce avait cinq sillets, et la haute-contre, la taille et la basse n'en avaient que quatre. Dans la troisième espèce, le dessus en avait six, aussi bien que la basse, tandis que la haute-contre et la taille n'en avaient que cinq. Au surplus, Agricola conseille à ceux qui ont un instrument garni de sillets, de les enlever avec un couteau, et de jouer d'oreille. Cela ne suppose pas, il faut en convenir, que les violons de son temps fussent d'une construction très soignée. Il termine en présentant les dessins de petits violons à trois cordes sans sillets, qui sont faits comme des mandolines, et par conséquent tout différents de ceux de la deuxième et de la troisième espèce, qui sont en forme de guitares. Ceux de la première espèce ne sont pas représentés. Ces nouveaux instruments sont donc sans sillets, et de différentes grosseurs, selon qu'ils sont plus ou moins graves. Conjointement avec eux se trouve sur la même page un instrument à une ou deux cordes, connu plus tard sous le nom de *trompette marine*, et qui, aux xive et xve siècles, n'était monté que d'une corde, et, par cette raison, se nommait MONOCORDE. Le doute sur le nombre de ses cordes est le résultat du peu de soin avec lequel le dessin est fait. Au surplus, sa construction semble bien provenir de l'idée à laquelle on doit l'invention des violons dont nous venons de parler.

Tels étaient, en Allemagne, les violons au commencement du XVI⁰ siècle. Je pense que les représentations de ces instruments données par Agricola doivent être examinées avec défiance. En effet, il ne parle pas d'une particularité que j'ai déjà fait ressortir : l'absence du chevalet dans les violons de la deuxième et de la troisième espèce, qui ne rend possible, sur ces instruments, que l'exécution des cordes extrêmes, puisqu'il n'y a que celles-là qui puissent être atteintes par l'archet, et, en examinant les figures de ces espèces avec attention, on voit que le dessin a été tracé avec la plus grande négligence. J'ai fait remarquer précédemment que le manche du dessus de violon de la deuxième espèce avait cinq sillets, pendant que la haute-contre, la taille et la basse n'en avaient que quatre. Une inégalité dans le nombre des sillets se fait aussi remarquer à la troisième espèce. Il eût été bien facile d'établir ces différences ; au lieu de cela, chez notre auteur, le nombre des sillets est tout-à-fait arbitraire dans les instruments représentés. Ce fait, qu'Agricola a cru peut-être pouvoir négliger, n'est cependant pas sans importance. Pouvons-nous alors nous fier à l'exactitude de ses représentations sur d'autres points.

Un auteur italien, contemporain d'Agricola, Lanfranco, dans ses *Scintille di musica*, pag. 137, désigne, sous le nom de *violette da braccio*, des petites violes à archet et sans sillets qui semblent bien être les mêmes que les petits violons à trois cordes d'Agricola, car elles étaient montées comme eux, et comme eux pareillement accordées par quintes. La haute-contre est aussi, dans cette nouvelle division, le même instrument que la taille. Cerone, dans son *El melopeo y maestro*, p. 1056 et suiv., parle de *vihuela da braccio*, qui sont évidemment les mêmes que les *violette da braccio* de Lanfranco; mais ici, en supposant que Cerone ait voulu indiquer les petits violons d'Agricola, il se présente une circonstance assez remarquable, c'est que ce nouvel auteur garde également le silence sur l'intonation des cordes à vide de la *vihuela da braccio*, qui, selon lui, porte encore le nom de *viola bastarda*[1]; il nous apprend que cet instrument se montait à trois cordes, accordées de quinte en quinte, excepté la basse, qui était montée de quatre cordes. La corde la plus grave du dessus se trouvait à l'unisson de la corde moyenne de l'alto et du ténor, et la plus grave de ces parties était à l'unisson de la seconde en descendant dans la basse de cet instrument. Tel est le tableau

______

(1) Cerone est ici en opposition avec M. Prœtorius, qui dit, dans ses *Syntagma Musicæ*, t. II, p. 48, que la *viola bastarda* était une espèce de ténor de la *viola di gamba*.

que Ceronc donne pour indiquer cette manière
d'accorder :

Cet auteur ajoute que la *vihuela da braccio* offre
moins de ressources que la *viola di gamba,* qui
s'emploie bien davantage dans les concerts, et
pour accompagner les voix.

Lanfranco parle (page 142) de grands violons à
sille⬤ et à archets; ceux-ci ont six cordes. Il est à
regretter que l'auteur, dans ces deux cas, ne pré-
cise point l'étendue de ces instruments et la manière dont ils étaient montés; comme il n'est question, dans ce chapitre, que de la manière de les
accorder, il n'indique que les intervalles qui doivent exister entre chaque corde, sans désigner les
cordes à vide par le nom des notes. Nous allons
connaître cette particularité en cherchant à d'autres sources. Ceretto[1] met à notre disposition un
nouveau renseignement fort important sur les
instruments à archet, car il nous fait voir clairement une nouvelle division : les *viola di gamba,*
différentes de ce que Lanfranco appelle *violetta
da braccio.* Elles se tenaient toutes verticalement,

(1) *Della Pratica musica vocale et strumentale.* Napoli, 1601.

les unes entre les jambes, et les autres, plus petites, sur les genoux. Ce sont elles que l'on voit
dans les tableaux de l'école vénitienne, et qui, sans
aucun doute, sont désignées par Lanfranco sous le
nom de grands violons à sillet et à archet. En effet, les instruments mentionnés par ce dernier
auteur ont le même nombre de cordes, et sont
accordés en suivant les intervalles indiqués par
Ceretto. Tel était l'accord de cette famille d'instruments.

Zacconi et Cerone, l'un, *Pratica di musica, parte
prima*, f° 208, r° et v°; l'autre, *El melopeo*, p. 1063
et 1064, attribuent à ces instruments une tablature toute différente :

Une remarque très décourageante que l'on ne
peut s'empêcher de faire, est le peu d'analogie que

présentent les renseignements donnés par Ceretto et Lanfranco, si on les compare à ceux que l'on doit à Zacconi et Cerone. La différence est telle, qu'il ne peut être permis de penser que ces instruments soient les mêmes, bien que le même nom leur soit donné par ces auteurs contemporains et presque compatriotes. Je suis forcé de négliger Prœtorius pour ce qui regarde les instruments à cordes, ses indications dans les *Syntagma musicæ*, sont aussi obscures que confuses.

Au xvie siècle, les instruments à archet se sont donc divisés naturellement en violes de jambes, dont il ne nous est resté que le violoncelle et la contrebasse, et en petites violes à bras qui nous ont donné le violon et l'alto. Ce qui vient à l'appui de cette hypothèse, c'est ce que dit Ceretto, lorsqu'il insiste sur l'excellence de la viole de jambe, « attendu, dit-il, que la réunion de plu- « sieurs instruments de cette espèce peut donner « l'harmonie la plus complète. » En effet, on pouvait jouer les violes verticales depuis le format de la contrebasse jusqu'à celui du violon, au lieu que les plus grandes violes à bras ne pouvaient pas dépasser la dimension d'un alto de nos jours. L'harmonie de ce dernier genre d'instrument n'était donc pas aussi complète que celle des violes de jambes, qui pouvait être beaucoup plus grave.

D'après d'utiles renseignements que l'on trouve

dans Zacconi, le P. Mersenne, etc., on voit que l'on
fit encore des instruments à archet dont l'idée pri-
mitive était la viole ou le violon. Ainsi, la *lyre italienne*, la *trompette marine*, que l'on nommait *monocorde* dans le moyen-âge, la *viole d'amour*, la
vielle à archet, etc., furent évidemment la consé-
quence du violon primitif. Je les passerai sous silence, aussi bien que les autres renseignements
donnés par les auteurs que je viens de nommer.
Ils se rapportent presque en tous points aux
éclaircissements que j'ai présentés plus haut, et
si l'on rencontre quelques différences, elles sont
si légères et de si peu d'importance, qu'il est inutile de les mentionner ici.

Pour nous résumer sur l'histoire de l'instrument qui nous occupe, on voit que le violon décrit par Agricola, sous le nom de petit violon sans
sillet et à trois cordes, est, sans aucun doute, ce
qui se rapporte le plus à l'état actuel de cet instrument. En effet, le dessus du violon de cette
espèce était accordé en quinte, et ses trois cordes

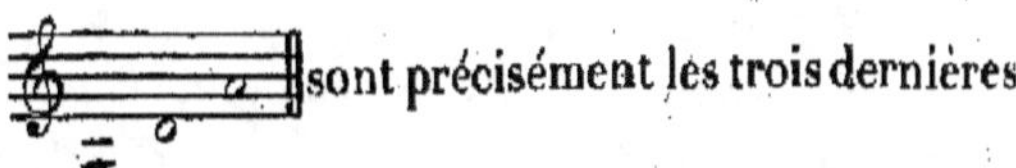 sont précisément les trois dernières

cordes du violon moderne, qui ne se distingue
de celui que nous venons de décrire que par
l'adjonction d'une quatrième corde à l'aigu. Cerone donne des renseignements sur un violon
qui ne diffère en rien du nôtre; il dit *El Melopeo,*

page 1063, que le « rabeles, ou violon, avait dix-
« sept notes depuis le *G sol, ré, ut* jusqu'à ♭*fa,*

« *mi.* » Ce qui faisait cette étendue    Et il

ajoute ces mots remarquables : « On peut encore
« former d'autres notes selon l'habileté du joueur. »
Donc on démanchait. Zacconi, *Pratica di musica,
parte prima,* f° 218, v°, dans la table des instruments, se trouve d'accord, à ce sujet, avec Cerone,
et au recto du même folio, il est en contradiction
avec cet auteur aussi bien qu'avec lui-même. Il
est fâcheux que je n'aie rien trouvé dans les auteurs français du xvi° siècle qui pût me mettre sur
la voie de l'état du violon dans notre pays à cette
époque; j'y aurais sans doute puisé la certitude
que nous pouvons nous enorgueillir d'avoir perfectionné cet important instrument. Cette idée
se présente naturellement à la lecture de la nomenclature des instruments qui furent employés
dans les premiers opéras : on y voit figurer *deux
petits violons à la française.*

Ces détails sur le violon doivent se terminer
par quelques renseignements sur le REBEC; malheureusement nous n'avons rien qui puisse nous
le faire connaître en détail. Une espèce de tradi-
tion archéologique nous le présente comme un
violon grossier à trois cordes. Les citations dans
lesquelles il est mentionné sont fort nombreuses.

Monet explique ce mot en disant que c'est un mauvais violon, un violon de village.

C'est effectivement le sens que ce mot représente le plus généralement, bien que cette version souffre quelque exception, car Rabelais dit, dans *Pantagruel*, liv. III, chap. 44 : « Plus me plaît « le son de la rustique cornemuse que les fre- « donnements de luths, rebecs et violons aulic- « ques. »

SIMPHONIE, CHYFONIE. Passons maintenant à la symphonie[1]. D'après ce que nous avons vu plus haut au mot SIMPHONIA, on sait que le sens qu'on lui attribuait était assez vague; cependant, vers le XIIIe siècle on lui donna une signification différente de celles que nous avons déjà exposées. La *simphonie*, ou *chifonie*, ou *sifoine*, était la vielle actuelle; Gerson ne nous laisse aucun doute à ce sujet : « Simphoniam putant aliqui », dit-il, « viel- « lam vel rebeccam quæ minor est. At vero rectius « existimatur esse musicum tale instrumentum « quale sibi vindicaverunt ipsi cœci. Hæc sonum « reddit dum una manu resolvitur rota parvula « thure linita et per alteram applicatur ei cum « certis clavibus chordula nervorum, prout in ci- « thara, ubi pro diversitate tractuum rotæ, va- « rietas harmoniæ dulcis amenaque resultat. » Agricola, dans sa *Musica instrumentalis*, donne la

---

(1) Voir ce que nous avons dit plus haut au commencement de l'article relatif à la vielle.

représentation de cet instrument, dans lequel la roue était remplacée par un archet. Il se trouve aussi dans Prœtorius; mais Il est probable qu'il aura été abandonné promptement, en raison de son exécution incommode.

On faisait peu de cas de la *simphonie;* pour s'en convaincre, il suffira de lire un passage d'une chronique manuscrite de Bertrand Du Guesclin.

> Et s'avait chacun d'eux après lui un sergent
> Qui une chiffonie va à son col portant,
> Et li deux devant le roy se vont chiphoniant,
> Et Mahieux de Gournay leva appercevant
> Et les chifonieux aloy priser tant;
> Et en son cœur allait moult durement gabant,
> Et li rois lui a dit après le jeu laissant,
> « Et que vous semble, dit-il, sont-ils bien souffisant? »
> Dist Mahieu de Gournay, « Ne vous irai celant,
> Ens au pays de France et au pays Normant,
> Ne vont tels instrumens fors aveugles portant,
> Ainsi vont li aveugles et li pauvres truant.
> De si fais instrumens li bourgeois esbatant
> En l'appella de là un instrument truant,
> Car ils vont d'huis en huis leur instrument portant, etc. »

Eustache Deschamps dit dans le même sens :

> Aveugles chiphonie aura.

On dirait qu'en 1636, le père Mersenne transcrivait toutes ces idées, car on trouve dans son *Harmonie universelle,* livre 4ᵉ des instruments, proposition XII : « Si les hommes de condition touchaient ordinairement la simphonie que l'on

« nomme vielle, elle ne serait pas si méprisée
« qu'elle est, mais parce qu'elle n'est touchée
« que par les pauvres, et particulièrement par les
« aveugles qui gagnent leur vie avec cet instru-
« ment, etc. »

Enfin, la vielle, dans le midi de la France, du
moins à Cavaillon (comtat), est nommé *fanfoni*,
en langue vulgaire. Ainsi les petits savoyards, faisant danser la marmotte, jouent de la fanfoni.

Nous allons maintenant passer à la description
des instruments à cordes pincées. Les principaux
sont : la *cythare*, la *harpe*, le *luth* et la *guitare*.

La CYTHARE, au xvᵉ siècle, était un instrument triangulaire, monté avec des cordes à boyaux ;
l'exécutant le tenait devant lui appuyé sur sa poitrine, en plaçant par en bas la partie la plus large
(*fig.* 9). Tous ces détails nous sont donnés par
Gerson, lorsqu'il dit : « Hæc autem est distan-
« tia psalterii cum cythara, quia psalterium sonat
« a superiori, procedens a gravioribus sonis ad
« acutiores descendendo. Habet insuper cordulas,
« vel argenteas vel ex electro, quasi tinnientes le-
« viusque tangendas. Cytharæ vero formam ad
« psalterium videbis eversam, cujus sonitus a gra-
« vioribus deorsum, ad acutiores sursum sonos
« tendit cujus fides et chordæ de morticinis fiunt
« intestinis animalium desiccatis subtiliatis et tor-
« tis...... conveniunt psalterium et cythara quia
« pectori junguntur et formam cordis habent instar
« scuti, etc. »

Cette description se rapporte assez bien à la forme attribuée à la cythare par les anciens, la majeure partie des opinions sur ce sujet la fait ressembler à un Δ ; la différence que j'y vois cependant réside dans la position des cordes : chez les anciens elles étaient dans le sens vertical, et dans la cythare du moyen-âge elles étaient disposées horizontalement.

Au xv° siècle, la ressemblance et la différence entre la *cythare* et le PSALTÉRION, paraissent donc bien établies. Ainsi, dans ces deux instruments, les cordes sont horizontales, mais dans la *cythare* on les pinçait avec les doigts, au lieu que dans le *psaltérion* elles étaient jouées avec un plectre.

En effet, Gerson dit : « Canticum fit tripliciter « aut in rotatu, ut in symphonia, aut in tractu « aut retractu; sicut in viella aut rebella ; sive cum « impulsu vel impulsivo quodam tractu cum un- « guibus, vel plectro, cum virgula; ut in cythara et « guiterna, lituo psalterio quoque et tympano atque « campanulis. » En suivant ces mots avec attention, il est évident que : *tractu cum unguibus* se rapporte à *cythara* et *guiterna ; plectro* se rapporte à *lituo* et *psalterio,* et enfin *virgula* se rapporte à *tympano* et *campanulis.* La cythare et le psaltérion, à peu près de forme triangulaire, étaient placés tout différemment. L'exécutant tenait la cythare de manière à ce que la partie la plus resserrée de l'instrument était en haut; le contraire avait lieu pour le *psaltérion* qui devait se jouer la pointe en bas. A une époque plus reculée, il règne une grande confusion parmi les renseignements des différents auteurs sur ces deux instruments. Ainsi, selon saint Jérôme, la cythare a six cordes : « cy-« thara deorsum habet cavamen, et sex cordas « habet. » (t. VII, p. 39, édit. Plantini, 1578). [1] Elle est en forme de Δ et se touche avec les doigts ; l'auteur ne dit rien sur la direction des cordes ; cependant les figures barbares qui se trouvent dans un ms., nᵒ 7211, Bibl. Roy., les indiquent placées de bas en haut, bien que dans la description du *psaltérion*, l'auteur semble faire une

(1) **Cependant** nous voyons dans la lettre qui est attribuée à cet auteur : « Cythara de qua in quadragesimo secundo « psalmo scriptum est. Confiteor tibi in cythara Deus, Deus « meus, propriæ consuetudinis est apud Hæbreos, quæ cum « cordis viginti quatuor, quæ in modam deltæ litteræ sicut « peritissimi tradunt, utique componitur. » Gerbert cite aussi plusieurs manuscrits où ce nombre est variable. D'après un manuscrit de saint Emeran, la cythare avait neuf cordes ; d'après un autre de saint Blaise, elle en avait douze. Je pense qu'il n'est pas impossible de concilier toutes ces contradictions. Saint Jérôme, en disant que la cythare avait six cordes, parlait sans doute de l'instrument de son temps, car il dit : « Cythara habet deorsum cavamen et sex cordas habet. » Le verbe est au présent ; dans l'autre citation le nombre des vingt-quatre cordes n'est attribué qu'à la cythare dont il est parlé dans le 42ᵉ psaume : c'est la cythare des Hébreux, encore il ajoute : « Sicut peritissimi tradunt. » Les variations dans le nombre des cordes, d'après les autorités que nous venons de citer, proviennent sans doute d'une raison analogue à celle pour laquelle saint Jérôme semble en contradiction avec lui-même.

différence entre la position des cordes de la *cythare* et celles du *psaltérion,* lesquelles, d'après lui, doivent être disposées d'une manière tout-à-fait inverse. D'après la même autorité, le *psaltérion* n'est pas fait en forme de *cythare,* mais bien carré et en forme de bouclier, *in modum clypei.* Cet instrument devait avoir dix cordes : c'était le *decacordus* dont j'ai parlé plus haut; [1] Cassiodore semblerait dire que la *cythare* se jouait avec un plectre; en effet, dans son traité, il divise les instruments en *percussionalia, tensibilia* et *inflatilia,* pour la seconde division, il dit : « Tensabilia « sunt chordarum fila sub arte religata, quæ a « modo plectro percussa mulcent aurium delecta- « biliter sensum : in quibus sunt species cytha- « rarum diversarum[2]. » Saint Augustin dit aussi : « Cythara lignum illud concavum tanquam tym- « panum pendente testudine cui ligno chordæ « innituntur ut tactæ resonent non plectrum dico, « quo tanguntur, sed lignum illud dixi concavum « cui super jacent, etc. » Selon saint Isidore de Séville, le *psaltérion* paraît avoir été nommé *canticum,* il en établit la forme *in modum* Δ à la ressemblance *cytharæ barbaricæ.* L'épithète de barbare est probablement employée pour distinguer la *cythara* de son temps de celle des Grecs, qui avait à peu près la forme d'une lyre. Le reste de son

(1) Pour bien comprendre ceci, voyez ce que nous avons dit plus haut sur cet instrument.

(2) Scriptor. Eccl., I, p. 16,

explication, celle de saint Augustin, celle de Cassiodore, et celle de saint Basile[1], que jusqu'ici on a trouvées inintelligibles, me semblent signifier très clairement qu'à cette époque ces deux instruments se plaçaient comme au XIIIe siècle, la cythare la pointe du triangle en haut, et le psaltérion en sens contraire[2].

(1) Sed psalterii et cytharæ hæc differentia est, quod psalterium lignum illud concavum, quod pendet et tactum resonat, quia concipit aerem, psalterium in superiore parte habet. Cytharæ autem hoc genus ligni concavum et resonans in inferiore parte habet.

(Script. eccles. I, 23, S. Isidor.)

...... Hoc ergo lignum cythara in inferiore parte habet psalterium vero in superiore. Hoc est distinctio.

(Saint Augustin, *in Psalm.* xxxii.)

Psalterium vero est in modum cytharæ conversa positio. Buccas enim quasdam sonoras ligni gestat in capite : ubi ab uno venientes chordarum sonos in altum rapit et gratissima, quantum dicitur, modulatione respondet. Cithara enim ligni quodam ventre inferius constituto a summo chordarum filis venientibus sonos recipit atque in unam gratiam jucunditatis emittit.

(Cassiodore, *in Psalm.* cl.)

Cytharæ et lyræ œs ex inferiori parte sonitum edit ad plectrum : psalterium vero à parte superiori ducit suæ concinnæ modulationis originem.

(Saint Basile, *in Psal.* I, *script. eccl.* I. 23. Note.)

(2) Saint Jérôme dit en parlant des cordes de la cythare : « ... Et de illis chordis aliæ bene cantant aliæ murmurant. » Ce peu de mots me semblent assez difficile à expliquer : cela veut peut-être dire que de son temps cet instrument était monté de manière à ce que plusieurs cordes étaient attaquées avec les doigts, pendant que d'autres accordées avec celle-ci, se-

Je ne dois pas terminer ces réflexions sur la *cythare* et le *psalterion*, sans faire remarquer que les figures qui les représentent dans les planches XXIII, XXIV, XXV, XXIX et XXX du *de Cantu et musicâ* de Gerbert, sont presque toutes les mêmes. Semblable observation peut être faite à l'occasion des figures qui accompagnent la lettre de saint Jérôme dans la leçon présentée par le manuscrit 7211. (Voyez les pièces justificatives à la fin du Mémoire.) Très probablement toute cette confusion provient de ce que ces renseignements ont été copiés les uns sur les autres, et je pense que les figures que nous voyons auront été dessinées pour la première fois par un ignorant totalement dépourvu de l'intelligence de ce qu'il imitait. Ce qui me fait penser ainsi, c'est que l'on trouve des figures de *chorus* et de *cythare* telles, que les instruments dont elles étaient les représentations ne devaient avoir aucune sonorité, car ils sont à peu près faits comme un D. Cette particularité est due sans doute à ces mots : *in modum delta litteræ*, mal entendus. Le copiste confondait le Δ grec avec le D majuscule, et même avec le D oncial, car on trouve des

lon certaines conditions, résonnaient sans être touchées. Cette disposition se retrouve, à une époque peu éloignée de nous, dans les violes d'amour et autres instruments. Il serait possible que ce fût par cette raison que les cordes des psaltérions du Campo-Santo de Pise, dont nous allons parler tout à l'heure, sont groupées trois par trois.

cythares dessinées sous cette dernière forme, c'est-
à-dire que, dans ces figures, la panse du D se pro-
longe à l'extrémité supérieure de la haste, comme
cela a lieu dans le D oncial.

La HARPE est un instrument connu de tous,
et dont la description comporterait à elle seule
une dissertation fort étendue; je n'en dirai que
ce qui lui est relatif au moyen-âge. Les deux ver
de Fortunat que j'ai déjà cités, nous indiquent
clairement que la *harpe* était en usage chez les
peuples qu'il nommait Barbares, c'est-à-dire tout
ce qui n'était pas Romain; ici ce sont les habitants
du nord. Si donc cet instrument fut d'un usage
très répandu dans les pays septentrionaux, il ne le
fut pas moins en France. On trouve peu de ro-
mans des XIIIe et XIVe siècles où mention n'en soit
faite presque à chaque page. Il servait habituelle
ment à accompagner les lais, et il était d'une forme
beaucoup plus portative que la harpe de nos jours.
En effet, les miniatures représentent des joueurs
de *harpe* debout, et dont l'instrument descend un
peu plus bas que la ceinture; il devait être suspendu à une courroie passée sur l'épaule gauche,
et lorsqu'on était assis, sa partie inférieure devait
poser sur les genoux. Voyez les chapiteaux de Bocherville et une multitude de miniatures. La *harpe*
était un instrument noble; le roi des ménétriers
seul avait droit d'en jouer. C'est ce que l'on voit
dans le roman de Perceforet. Toutes les fois que
l'on chante un lai accompagné de la harpe, il est

toujours question du roi des ménétriers (Paustoñ-
net). Dans les endroits où l'on fait chanter un lai
par un héraut on ne parle plus de *harpe*. Au xiv^e
siècle, elle avait vingt-cinq cordes; Guillaume de
Machault nous l'apprend dans une pièce intitulée:
le *Dict de la Harpe*. L'auteur y chante les perfec-
tions de sa maîtresse, une par corde. Probablement il y eut des *harpes* moins complètes, car,
dans les miniatures, le nombre des cordes est très
variable. Une particularité se fait remarquer dans
ces représentations : la corde la plus grave se trouve
souvent hors du corps de l'instrument. Je pense
que, fidèles au système des Grecs jusqu'à la mi-
nutie, les musiciens du xiiie et du xive siècle
pensaient devoir adopter cette disposition pour
cette corde, en raison du nom de proslambano-
menos, ou ajoutée, que lui avaient donné les anciens. Je dirai enfin, pour terminer, que la *harpe*
était un des instruments les plus estimés au
moyen-âge, car Guillaume de Machault dit :

> Mais la harpe qui tout instrument passe
> Quand sagement bien en joue et compasse.

Nous en sommes au LUTH. Cet instrument,
sans être aussi souvent mentionné que la harpe,
se présente encore très fréquemment lorsqu'il est
question de musique à l'époque que nous exami-
nons. Il prit, vers le xvie siècle, un grand dévelop-
pement, et nous sommes obligés de nous conten-
ter de renseignements assez vagues, relativement

à ce qui le regarde aux XIIIe et XIVe siècles. Ce que j'ai rencontré de plus ancien à ce sujet se trouve dans un manuscrit où l'on voit quelques règles relatives à la construction du *luth* et d'autres instruments. Ce document est du XVe siècle. Malheureusement il n'est question que de ce qui regarde le corps de l'instrument, et il n'est pas dit un mot de son diapason et de son étendue. Parvenus au XVIe siècle, les renseignemens nous arrivent de toutes parts. La forme du *luth* n'a jamais varié, le nombre des cordes a changé, et par conséquent la largeur du manche n'a pas dû rester la même; il fut de tout temps garni de sillets. Dans cet instrument plusieurs cordes étaient doubles. Ainsi les trois premières étaient doubles à l'octave; la quatrième et la cinquième l'étaient à l'unisson, et la sixième était simple. Cette réunion de deux cordes se nommait *chœur*; plus tard on a désigné par ce nom toutes les cordes du luth, qu'elles fussent doublées ou non. De fréquents changements eurent lieu dans le nombre et l'accord des différents chœurs. D'après les renseignemens donnés par Seb. Wirdung, au XVe siècle, le luth était monté à cinq chœurs; cependant, en 1511, cet auteur le trouve déjà à six chœurs avec l'accord suivant :

Le même accord se trouve alors employé par

les Italiens, car on le rencontre dans un livre de tablature du *luth*, imprimé à Venise en 1509, chez Petrucci. A partir de cette époque le nombre des chœurs augmenta tellement qu'au XVIIᵉ siècle le *luth* était joué à quatorze chœurs. On ajouta même une seconde tête à l'instrument, de manière à donner aux cordes graves plus de force et de longueur, afin d'obtenir plus d'intensité dans le son. L'instrument prenait alors le nom de *théorbe*; dans ce cas et dans d'autres semblables, plusieurs cordes étaient hors du manche. Au surplus, il y eut encore quelques autres instruments, dont je parlerai plus tard, qui ne vinrent, comme ceux-ci, qu'au XVIᵉ siècle, se grouper autour du *luth*, leur type primitif commun.

GUITARE. La *guitare* ou *guiterne*, est encore un ancien instrument à cordes pincées; sa forme était différente de celle du luth; le fond en était plat au lieu d'être convexe; quant au contour de la caisse, il a toujours été, à peu de chose près, celui que nous connaissons maintenant. On en voit une dans Agricola ayant, il est vrai, la forme d'un petit luth; mais comme c'est le seul endroit où cet instrument soit ainsi représenté, je pense qu'il faut s'en rapporter aux figures qu'on en trouve sur les miniatures et les autres ouvrages où l'on rencontre des représentations de cette espèce. La *guitare* était montée à quatre cordes, et plus tard chacune d'elles fut doublée de manière à faire quatre chœurs, ainsi que cela avait lieu dans le luth.

Enfin, son manche était garni de sillets en cordes
à boyaux ou en ivoire, ainsi que tous les instruments de la famille du luth.

Nous allons examiner les instruments joués
avec un plectre ou une plume. La raison la plus
probable de cette nouvelle manière de faire résonner les cordes se trouve sans doute dans leur
nature. La *cythare*, la *harpe*, le *luth* et la *guitare*,
joués avec les doigts, étaient montés avec des
cordes à boyaux, au lieu que celles des instruments
dont nous allons nous occuper étaient en laiton.
Ces dernières auraient blessé les doigts de l'exécutant, il fallait donc un autre moyen pour les
mettre en vibration, et pour cela on se servit
d'une plume, comme les anciens s'étaient servi
d'un plectre. Les instruments les plus connus dans
cette nouvelle division sont : le *psaltérion* et les
instruments qui furent faits à sa ressemblance,
savoir : la *pandore* et le *cystre* ou *citre*.

Nous ajouterons peu de chose à ce que nous
avons déjà dit du PSALTÉRION en parlant de la
cythare. Cet instrument est de la plus haute antiquité; celui dont on se servait au moyen-âge était
une caisse sonore, d'une forme triangulaire, plus
ou moins régulière; l'exécutant le plaçait sur
sa poitrine, la pointe en bas (*fig.* 10,). C'est
ainsi qu'il est disposé dans les représentations
que l'on en trouve dans les manuscrits, ce qui se
rapporte, au surplus, parfaitement avec le passage
de Gerson, que j'ai cité en parlant de la *cythare* :

« Quia psalterium sonat, a superiori procedens a
« gravioribus sonis, ad acutiores descendendo. »
Ce qu'il ajoute nous apprendrait de la manière
la plus positive, si nous ne le savions d'ailleurs, que les cordes de cet instrument étaient
métalliques.

Le NABLE semble être de la même nature que le
psaltérion, car Eucherius Lugdunensis dit : « Na-
« blum quod græcè appellatur psalterium, quod
« a psallendo dictum est, ad similitudinem cy-
« tharæ barbaricæ in modum deltæ. » Il devait y
avoir des *psaltérions* de différentes grandeurs; en
effet, nous en voyons figurer trois dans les peintures du Campo-Santo de Pise. Dans ces représentations, qui sont du xiiie siècle, ils sont en
forme de trapèze, et le plus petit des côtés paral-
lèles est posé sur les genoux de l'exécutant; celui
qui se trouve dans le Triomphe de la mort est
monté de vingt-quatre cordes groupées trois
par trois. Cette particularité ne doit pas être in-
différente, car elle se représente dans les deux
autres psaltérions que l'on voit aux Miracles de
saint Rainier, bien que le nombre des cordes ne
soit plus le même; un de ces deux derniers est de
six groupes de trois cordes, c'est-à-dire dix-huit
cordes; l'autre est de onze groupes ou trente-
trois cordes. (*Voy*. à ce sujet la note de la page 53).
On m'objectera sans doute que dans les gravures
que l'on a de ces fresques, les *psaltérions* sont joués
avec les doigts : je pense que cela ne doit rien

prouver, car ces peintures sont presque effacées, et dans l'état où elles sont, il est naturel que le dessinateur, ignorant l'intérêt de cette particularité, ait négligé de mettre un plectre entre les doigts des exécutants, et en ait dessiné les mains dans la position qu'il croyait devoir substituer à celle qu'il ne voyait pas. Le *psaltérion* a donné naissance à l'un des instruments auxquels l'art musical a le plus d'obligations, au clavecin. En effet, dans ce dernier, le moyen pour obtenir le son est semblable à celui qui est employé dans le *psaltérion*. Les cordes y sont de même nature, et ce qui vient à l'appui de ce que j'avance, c'est que l'on voit à la marge d'un manuscrit de la Bibliothèque royale, un singe jouant un clavecin qui n'est pas autre chose qu'un *psaltérion* à touche. Je ne terminerai pas ce qui est relatif à l'instrument qui nous occupe, sans parler d'une particularité assez singulière, c'est que le nom qu'il portait, de même que chez nous le mot violon, était employé pour désigner l'endroit où l'on mettait les prisonniers; ainsi nous voyons dans les Antiquités nationales de Millin, art. LIV, p. 7 :

Ce prisonnier et lui furent mis au Salterion.

Lettres remises en 1411.

On fit aussi des *luths* et des *guitares*, dont les cordes étaient en laiton, et par conséquent qui se jouaient avec une plume. Ces derniers instruments portaient le nom de *pandore*, de *mandore* et de *cystre*. Au surplus, l'usage en a cessé vers la fin du xvie siècle.

La PANDORE ou *bandore* était semblable au *luth* pour la grandeur et pour l'accord. Le fond en était plat ou moins bombé que celui de cet instrument. A l'époque dont nous parlons, la *pandore* était un instrument à cordes, cela est certain; cependant je dois faire observer que bien antérieurement, Cassiodore désigne sous le nom de *panduria* un instrument à vent : « Inflatilia (instru- « menta) sunt quæ spiritu reflente completa in « sonum vocis animantur, ut sunt tubæ, calami, « organa, panduria et cætera hujus modi. » (Scrip- tor. Eccles, I, 16.) Egidius Zamorensis en fait un instrument de percussion : « Est etiam pandorium « instrumentum rotundum cum pergameno ex- « tento super lignum, quod manibus tangatur. » (Scriptor. Eccles, II, 390.) Dans ce cas, ce serait un tambour de basque. Prœtorius, *Sintagma musicæ*, t. II, p. 53, donne à cet instrument le nom de *bandoer*, et il lui attribue une origine anglaise; on ne doit donc pas s'étonner si on le trouve quelquefois désigné sous le nom de *bandore*.

La MANDORE était une *pandore* de petite dimen- sion, elle était montée à quatre cordes de laiton; nous l'avons appelée depuis *mandoline*. Tel était son accord :

Le CISTRE ou *citre* était une espèce de *pandore* à quatre cordes, montées d'après l'accord suivant :

les deux premières cordes étaient triplées à l'unisson; la troisième était doublée, enfin la quatrième était triplée. Plus tard le *cistre* fut à six chœurs.

Je vais terminer la série des instruments à cordes par le TYMPANON, seul de son espèce dans lequel les sons s'obtenaient par la percussion. Les anciens auteurs en parlent fort peu. Il ne se trouve pas sous ce nom dans la nomenclature de tous les instruments du XIVe siècle par Guillaume de Machault; il n'y figure pas non plus sous le nom de DULCIMER, qui lui est donné par plusieurs antiquaires, lesquels, du reste, n'ont indiqué nulle part la raison pour laquelle ils désignaient le même instrument sous deux noms. J'éprouve d'autant plus de contrariété de ne pas connaître ce qui les a portés à le faire, que je pense comme eux, et que j'aurais été fort satisfait de savoir si la raison que je vais exposer est la même que la leur. Il serait possible qu'en réalité le *tympanon* figurât dans la nomenclature de Guillaume de Machault sous un nom dont la véritable signification ne nous est pas connue; c'est peut-être le *choron* [1]. On trouve dans

(1) Voyez l'explication de ce mot à la fin de cette dissertation dans les instruments douteux.

le manuscrit que j'ai déjà cité pour la construction des *luths*, les règles pour la facture d'un instrument nommé *dulce melos*. C'est là où je pense rencontrer la raison pour laquelle le *tympanon* devait aussi se nommer *dulcimer*; car entre ces deux noms l'analogie est si grande que l'identité ne me paraît pas contestable. Or, ce qui va surprendre bien davantage, le *dulce melos* était un piano. On n'aurait jamais pensé qu'un piano existât au xv⁰ siècle; cependant il n'y a pas moyen d'en douter; l'auteur donne le dessin et la description du *dulce melos*. C'est un piano à quatre octaves : il dit, en commençant, que cet instrument peut se faire de trois manières; malheureusement il n'en indique que deux, et je ne conçois pas du tout quelle peut être la troisième. « Notandum, dit-il, pro compo-
« sitione instrumenti vocati dulce melos, quod in-
« strumentum istud, prout pro presenti occurit
« potest tribus modis componi ; 1° modo : vul-
« gariter et grosso modo quemadmodum fit de
« quo quantum de presenti parum curo quia in
« ipse cum baculo fit contactum cordarum sonan-
« tium ruraliter. 2° modo : potest componi dic-
« tum instrumentum admodum clavicordii, etc. »
Or, je le demande, la première manière dont cet instrument est fait ne montre-t-elle pas le *tympanon* que l'on jouait encore il y a un siècle, et que Mersenne appelle psaltérion [1]? Le piano n'est-il

---

pas aussi une représentation exacte de la description de la seconde manière? En effet, le clavecin dérivait du psaltérion, parce que, dans ces deux instruments, la corde était mise en vibration par une plume. De même le *dulce melos* à clavier de la deuxième espèce devait être un perfectionnement de la première, dans laquelle les cordes se frappaient simplement avec des bâtons; ce n'était pas un piano à marteau libre, mais enfin c'était le principe du piano. Le reste de l'explication n'est pas assez clair pour nous faire comprendre au juste le détail du mécanisme de cet instrument; mais on doit présumer que ce n'était pas un clavicorde en bois, puisque ce nouvel instrument se trouve décrit sur la page suivante. Vers la fin de la description du *dulce melos*, l'auteur veut peut-être indiquer la troisième manière en disant : « ...Etiam posset fieri clavicordium quid sonaret « sicut dulce melos. Similiter etiam posset fieri « quod clavicordium sonaret ut clavicembalum « cum simplicibus cordis vel duplicibus, etc. » Voilà le piano à plusieurs cordes, et cela en 1400.

haut, et faire bien attention que *tympanum* en latin ne signifie pas autre chose que tambour. On peut voir tous les détails que j'ai donnés à cette occasion. Gerson, dans sa longue Nomenclature d'instruments à cordes, III, p. 628, n'en fait mention ni sous le nom de *tympanum*, dont je viens d'indiquer la vraie traduction, ni sous celui de *dulcimer*; mais bien sous celui de *chorus*, car il donne une explication du *chorus* qui se rapporte à la nature du *tympanon* qui nous occupe en ce moment.

Le *dulce melos*, d'après le dessin qui accompagne
le manuscrit, devait avoir cette étendue :

C'est-à-dire trois octaves moins deux notes.

Le même manuscrit nous indique à cette époque l'existence du CLAVICORDE et du CLAVI-
CEMBALO, ou clavecin; le premier avait les deux
notes nécessaires pour compléter les trois octaves,
et le second avait juste la même étendue que le
dulce melos. Plus tard, on augmenta l'étendue du
clavier de ces instruments. Cerone, qui nous ren-
seigne à ce sujet, nous dit, dans son *Melopeo*,
page 1063, que les uns avaient cinquante notes,
en comptant les tons et les demi-tons, et que
d'autres n'en avaient que quarante-deux. Effectivement, page 932, il donne la représentation d'un
clavier de manicordion qui prouve ce qu'il avance.
Tout le monde connaît le mécanisme du clavecin;
celui du *clavicorde*, fort compliqué, et qu'il serait
trop long d'expliquer ici, se composait de lames
de métal qui s'appliquaient sur les cordes, et les
faisaient vibrer en leur servant de chevalets mobiles, en sorte qu'une même corde servait pour
plusieurs notes. Cet instrument se nommait aussi
manicordion, et il est très probable que l'on en avait

de portatifs à la manière des petits orgues dont nous parlerons plus bas. En effet, on voit le *manicordion* figurer dans les sérénades, et quand on exécutait de la musique en plein air. La différence qu'il y a entre le *clavicembalum* et le *clavicorde*, ou *manicordion*, c'est que le premier de ces instruments avait la forme d'un piano à queue de nos jours, et que, dans l'autre, le clavier était placé sur le milieu de la boîte, comme dans nos pianos carrés. Mersenne donne encore des détails, dans son *Traité des instruments* (p. 114), sur le *manicordion*.

Je dois signaler un fait très important relatif à l'accord des instruments à clavier. Le tempérament d'après lequel, de nos jours, on affaiblit les quintes pour obtenir les octaves justes, était déjà observé au XVIᵉ siècle. Aaron *Toscanello* (ch. XLI) donne la manière dont un clavecin diatonique devait être accordé. D'après ce renseignement, on a la preuve de ce que je viens d'avancer; mais ce qui doit donner toute certitude à ce sujet, c'est la clarté avec laquelle Zarlin pose le principe du système tempéré, *Instituzioni harmoniche, parte* 2ᵃ, chap. XLII : « Il che tornerà molto bene, « quando si fara, ch'ogni diapente diminuata e im- « perfetta, de due settime parti d'una comma et « che la diatessaron pigli uno accrescimento di « tanta quantita; et è il dovere conciosiache res- « tando la Diapason sempre immutabile et nella « sua proportione vera et naturale et essendo in- « tegrata da questi due parti; quel che si leva da

« una, bisogna necessariamente dare all' altra ac-
« ciocfie aggiungendosi insieme, negli estremi
« si oda la diapason perfetta. » Toute réflexion devient inutile en présence d'un témoignage aussi
concluant.

Nous avons terminé la nomenclature des instruments à cordes au moyen-âge ; nous les avons
examinés et analysés en détail ; nous allons passer
aux instruments à vent.

Le principal agent qui sert à obtenir les sons
dans les instruments à vent est le souffle de l'exécutant qui les fait résonner. On pourrait tout au
plus séparer de cette définition l'orgue, dans lequel ce souffle est produit d'une manière mécani-
que ; mais cette division n'aurait aucun but utile :
je la passerai donc sous silence, en rangeant les
instruments à vent d'après leur importance et leur
analogie.

L'ORGUE se présente le premier. En effet, Guillaume de Machault dit :

> Et de tous les instrumens le roi
> Dirai si, comme je crois,
> Orgue, etc.

Je ne remonterai pas à l'antiquité de cet instrument ; je dirai seulement que l'*orgue* pneumati-
que est beaucoup plus ancien qu'on ne le croit
communément. M. Texier en a trouvé un parfaitement indiqué sur un obélisque de Constanti-
nople du temps de Théodose (*fig.* 11). Je dois

à l'obligeance de **M.** Texier la représentation encore inédite de ce monument. Je n'ai pas non
plus l'intention de parler de l'emploi de l'orgue
dans les cérémonies religieuses. Cette question,
en raison de son étendue, mériterait une dissertation spéciale[1]. Je parlerai simplement du petit
orgue portatif qui existait alors. Il y en avait de
plusieurs espèces : les unes se posaient devant
l'exécutant, sur une table ou sur les genoux, dans
les autres, qui se suspendaient au cou, on faisait
mouvoir le soufflet d'une main et le clavier de
l'autre. Avant le commencement du xve siècle nous
avons peu de renseignements sur les détails de sa
construction. Il ne nous reste qu'une foule de
vieilles histoires, au moins fort extraordinaires.
On nous dit, par exemple, qu'il y avait à Halber-
stadt de vieilles orgues à côté desquelles on ne
pouvait rester vingt-quatre heures sans mourir, à
cause de l'odeur arsenicale qui s'en exhalait lors-

---

(1) Il est essentiel de remarquer qu'au moyen-âge les mots
organum et *organa* étaient employés d'une manière générique, et pour indiquer une musique instrumentale quelconque.
Ainsi saint Augustin dit : « Quidquid aptatur ad cantilenam
« et corporeum est, quo instrumento utitur, qui cantat orga-
« num, etc. » On trouve aussi dans Gerson : « Cæterum latius
« adhuc organa recipiuntur a glossis pro musico qualicumque
« compingatur instrumento. » Saint Isidore ne se sert cependant de ces expressions qu'en en restreignant le sens à l'in-
dication des seuls instruments à vent : « Organica est, dit-il,
« in his quæ spiritu inflante completa, in sonum vocis ani-
« mantur, ut sunt tubæ, calami, fistulæ, organa, pandoria
« instrumenta. » Etymolog., lib. III.

qu'elles étaient jouées. Les représentations d'orgues d'appartement sont assez nombreuses dans les manuscrits du xiii⁰ et du xiv⁰ siècle. Malheureusement le nombre des tuyaux est trop souvent variable pour qu'on puisse le fixer définitivement d'après ces renseignements, et je n'ai rencontré aucun texte qui puisse servir à expliquer la construction de l'instrument avant le xv⁰ siècle. Il est présumable cependant que, dans ces temps reculés, chaque note ne devait avoir qu'un tuyau, et que le système musical d'alors, système composé de vingt notes, était représenté dans son entier. Deux espèces de soufflets de cuisine, que l'on voit très souvent figurer derrière l'instrument, servaient à lui fournir le vent nécessaire. On trouve, vers le premier tiers du manuscrit n° 701, sup'. lat., Bibl. roy., une miniature représentant les filles de Sion allant au-devant de David au son des instruments, on y voit un petit orgue portatif qui doit être suspendu, comme je l'ai dit, au cou de l'exécutante, car la main gauche est visiblement employée à faire mouvoir le soufflet, et la droite, que l'on ne voit pas, doit se promener sur la touche. Le dessin des tuyaux est trop vague pour permettre d'en apprécier exactement le nombre. Agricola et Ottomarus Luscinius nous présente, dans le commencement du xvi⁰ siècle, l'un dans sa *Musica instrumentalis*, et l'autre dans sa *Musurgia*, des petites orgues de trois espèces, sous le nom de *portatif*, de *régale* et de *positif*.

L'ORGUE PORTATIF consistait en une petite boîte carrée; sur le devant se trouve un clavier de trente-trois touches, et derrière on voit un soufflet. Sur le fond de la boîte se trouvent des tuyaux rassemblés. Plusieurs petits tuyaux sont probablement cachés par les grands, car leur nombre total n'est pas égal à celui des touches. Dans Agricola, ces tuyaux sont à gauche, et dans Luscinius, ils sont à droite. Dans les deux auteurs, la REGALE est une boîte longue et étroite, entièrement fermée, derrière laquelle sont ajustés les soufflets; il est donc impossible de voir comment se joue l'instrument, et de quoi il se compose. Le POSITIF enfin, est formé d'un clavier de quarante notes, surmonté d'un pareil nombre de tuyaux, autant qu'on peut le voir, d'après le dessin, qui laisse à désirer pour la précision. Dans Agricola, les tuyaux graves sont à gauche, et dans Luscinius, ils sont à droite. Cette dernière disposition est d'autant plus digne d'attention, qu'elle se rencontre très souvent dans les miniatures, et qu'elle existe dans un positif bien connu : celui que tient sainte Cécile dans le tableau de Raphaël.

A une époque beaucoup plus reculée, vers le commencement du iv° siècle, cette circonstance se fait remarquer dans une pièce de vers de Porphirius Optatianus[1]; elle est intitulée *Organon*, et fut composée en l'honneur de Constantin. Vingt-six.

____

(1) Voyez à la fin du mémoire, aux Pièces justificatives.

vers se suivent en s'augmentant chacun d'une
lettre, de sorte que le dernier a vingt-cinq lettres
de plus que le premier. Chaque vers est précédé
d'un vers composé de dix-huit lettres. En incli-
nant l'écriture, on voit la représentation d'un orgue, dont les tuyaux vont en s'augmentant de la
manière que j'ai déjà signalée, et les touches du clavier sont figurées par les petits vers égaux. Ceci fait
le sujet d'une difficulté qui peut s'expliquer, selon
moi, par les habitudes musicales des Grecs dans
leur notation. C'est, au surplus, un fait que je si-
gnale.

La FLUTE est un instrument connu de toute
antiquité, et dont le nom se rencontre à chaque
instant dans les récits de nos premiers poëtes. Ce
genre d'instrument se divise en deux espèces. La
première comprend les flûtes droites, et la seconde
les flûtes traversières.

La flûte droite, probablement la plus ancienne,
car elle provient évidemment du sifflet, était faite
comme un flageolet de nos jours, seulement elle
était beaucoup plus longue, et le nombre des trous
était plus considérable; elle porta plus tard le
nom de flûte à bec. Primitivement elle dut se com-
poser d'un sifflet et d'une partie allongée sur laquelle se trouvaient les trous servant à modifier
les sons.

Au xvi⁰ siècle, le système des *flûtes* était bien
plus complet qu'il ne l'est maintenant. Trois instruments différents le composaient : le plus aigu

faisait le dessus, un plus grave servait à la haute-
contre et à la taille, enfin la basse était exécutée
sur une flûte plus longue que les deux autres. Ces
instruments étaient percés de huit trous et em-
brassaient l'étendue suivante [1]:

Très probablement il y a une faute dans Agricola qui me donne ce renseignement ; cet auteur
a désigné, comme tablature de la haute-contre
et de la taille de *flûte*, celle qui doit être prise
pour le dessus, et réciproquement. Les trous,
rapprochés du sifflet étaient bouchés par la
main droite, et les doigts de la main gauche se
posaient sur les trous qui venaient après. Le petit
doigt de cette dernière main avait à boucher, ensemble ou séparément, deux trous qui étaient
placés sur l'extrémité supérieure de l'instrument.
Il est possible qu'il y ait encore inexactitude de la
part d'Agricola, car de nos jours, les mains sont po-
sées sur le flageolet d'une manière contraire, et je ne
vois aucune raison qui ait pu motiver ce change-

<hr>

(1) Les renseignements donnés par Zacconi et Cerone sont
les mêmes que ceux-ci à fort peu de chose près.

ment. Plus tard, on ajouta un trou sous le pouce de la main droite, et le trou double fut conservé, ce qui porta leur nombre à neuf. Ces derniers trous furent bouchés avec des clefs qui étaient recouvertes d'un barillet percé de toutes parts. Outre les flûtes dont je viens de parler, Mersenne donne quelques détails sur une autre série de *flûtes* plus graves, dans laquelle le dessus se trouve être l'instrument qui a servi de basse au jeu précédent, la haute-contre et la taille sont, comme partout, le même instrument, beaucoup plus long que ce nouveau dessus, et la basse s'augmente tellement de longueur que, d'après l'auteur cité, elle aurait eu sept à huit pieds de long. Or, comme l'embouchure s'élevait trop haut, un bocal descendait de la partie supérieure, et permettait à l'exécutant de souffler dans l'instrument. De plus, deux nouvelles clefs y furent ajoutées, ce qui porte le nombre des trous à onze. Ces clefs se jouaient avec les pieds. Mersenne nous apprend que ces *flûtes* furent envoyées d'Angleterre à l'un de nos rois, sans nous dire lequel. Agricola parle d'une autre *flûte* à quatre trous, et il en donne la tablature avec sa négligence habituelle, car il indique cinq trous à boucher pour faire un *mi*. Telle est l'étendue qu'il lui attribue :

Outre les *flûtes* dont nous venons de parler, on

en employait encore d'autres de la même forme,
mais plus petites, et qui n'étaient percées que de six
trous; elles se nommaient FLAIOS. Je ne donnerai
pas de détails sur cet instrument, que tout le
monde connaît, puisque c'était tout simplement
notre flageolet. Ce que j'ai dit plus haut sur la
flûte droite suffit pour indiquer de quelle manière
le système des *flaios* était organisé. Antérieurement à cette division raisonnée, leurs grandeurs
différentes furent sans doute plus multipliées,
car Guillaume de Machault, dans sa nomenclature
d'instruments, prétend qu'il y en avait :

> .... Plus de dix paires,
> C'est-à-dire de XX manières
> Tant de fortes comme de légères.

Le même auteur nous parle encore du *flaios de
saus,* dont je ne dirai rien, car ce n'était qu'un
sifflet fait avec une branche de saule. Il n'en était
donc qu'à son enfance.

Nous terminerons cet article de la flûte droite
par une mention de l'instrument auquel probablement elle doit son origine : c'est le FRESTEL,
ou *fretiau.* Il se jouait de la main gauche, pendant
que la droite était occupée à frapper le rhythme
sur un tambourin. On voit dans le manuscrit
1132 *bis,* suppl. franç., f° 114, Bibl. roy., une
femme qui joue du *frestel,* comme aussi dans le
n° 701, suppl. latin. On l'a appelé de nos jours
galoubet, et on l'entend jouer encore de temps en

temps par des savoyards qui montrent des chiens savants et des marionnettes. Un grand nombre d'auteurs en parlent comme d'un instrument rustique. « Si vous ne pourriez croire la grande mélodie qu'il y avait de bussine et de fretiaux... « par les boscages et par les prairies. » Perceforest, vol. II, f° 47, r°, col. 1:

Je dirai en passant, dans l'intention de ne rien omettre, que la flûte de Pan est nommée *crestaïré*, ou *crestoporc*, en Provence. Ces mots signifient *châtreur de porcs*. Ceux qui exercent cette profession indiquent leur présence dans les foires et les marchés en faisant entendre une espèce de fioriture ci-dessous notée. Les tuyaux de roseaux dont leur instrument est composé donnent des sons très aigus; on les entend à une grande distance.

Il me reste à examiner la FLUTE TRAVERSIERE. Sans vouloir entamer la question de savoir si elle était connue dans l'antiquité, nous pouvons assurer qu'elle existait au moyen-âge, puisque Guillaume de Machault dit :

> .... Doucaines,
> Tabours, flaustes traversaines,
> Demi-doussaines et flaustes
> Dont droit joues quant tu flaustes.

Eustache Deschamps dit aussi :

> Guitare, rebebe insement
> Harpe, psalterion doucaine,
> N'ont plus amoureux sentement,
> Vielle, fleuthe traversaine.

Son emploi est donc certain au xive siècle ; de plus je ferai remarquer en passant que Machault et Eustache Deschamps distinguent la *flûte droite* la *flûte traversière* et de la *doucaine*. Au xvie siècle, elle est désignée par tous les auteurs qui en parlent, sous le nom de *flûte allemande*. D'après Agricola, telle était l'étendue de son système :

La FISTULE et la PIPE, furent probablement des sifflets dont la nature et la dimension faisaient la différence ; on se servait sans doute de ce dernier pour chasser à la pipée.

Nous avons examiné toutes les flûtes dont on se servait au moyen-âge ; nous n'avons plus à parler que de la FLUTE BRÉHAIGNE, citée par Guillaume de Machault.

Bréhaigne signifie stérile. Dans les sermons français manuscrits de saint Bernard, *Bréhaig* répond au latin *infructuosus*. Ce mot se dit des hommes, des femmes, des animaux, etc. Voyez le dictionnaire de Monet, de Borel, de Nicot, de Cotgrave, de Ménage, d'Oudin, etc. Maintenant dans Mersenne, *Harmonie universelle*, livre V, p. 230, on lit : « Le quatrième chalumeau est ap- « pelé eunuque par quelques-uns, mais la diffé- « rence de ses sons ne vient pas de celle de ses « trous ni de sa longueur, comme il arrive aux « autres : car il ne fait point d'autre son que celui « de la bouche ou de la langue qui parle, dont « elle augmente la force ou la résonnance par le « moyen de sa longueur et de sa capacité, et par « une petite peau de cuir mince et déliée comme « la peau d'un oignon dont on affuble le haut...... « qui donne un nouvel agrément à la voix par ses « petits tremblements qui la réfléchissent. » La *flûte bréhaigne* était, il faut enfin le dire...... l'i- gnoble mirliton. Quelle était donc la nature de la musique dans laquelle un pareil instrument était employé sérieusement!

Le mot MUSE a désigné plusieurs instruments; ainsi d'après Rich. Stanihurstus, lib. I, *De reb. Hibernius*, et d'après J. Cotton, auteur du xii⁰ siè- cle, il signifie évidemment une musette (*tibia utricularis*). Je pense cependant que le mot *Muse* signifiait aussi une espèce de hautbois, car on voit la désignation d'une *muse de blé*, qui devait être tout simplement un chalumeau semblable à ceux que les enfants font encore dans la campa-

gue. Il est vrai que Mersenne parle d'une musette
qui résonnait au moyen d'un semblable chalumeau. Ce qui m'affermit cependant dans mon opinion, c'est que je vois aussi : « Ung grant gayant
« en sa main tenait un gros roseau en manière de
« musette dont il s'esbatoit harmonieusement. »
Triomphe des neuf preux, p. 371, col. 1. La *muse*
était donc un instrument à la suite duquel nous
est venu le hautbois, qui était désigné par Machault sous le nom de *muse d'Aussay* (d'Alsace),
Les différentes tablatures du hautbois, car il avait
ses quatre parties comme les autres instruments,
se trouvent dans Agricola d'une manière tellement désordonnée, qu'il est fort difficile d'en rien
tirer d'instructif; tout ce que je puis supposer,
c'est qu'au XVI⁰ siècle le dessus du hautbois se
nommait CHALEMELLE ou CHALEMIE, que la
BOMBARDE en était la haute-contre et la taille,
et enfin que la basse s'exécutait sur le CROMORNE.
Telle était, je crois, l'étendue de chacun, d'après
ce renseignement incomplet :

On voit aussi dans le même auteur que les *cro-
mornes* ont fait une famille à part, dans laquelle la
basse du hautbois faisait le dessus, d'une manière
analogue à ce que nous avons dit tout à l'heure
pour les flûtes.

La DOUCAINE n'était pas une flûte à bec comme beaucoup d'auteurs l'ont pensé, trompés qu'ils étaient par le nom de *flûte douce*, donné aussi à ce dernier instrument. En effet, nous avons vu plus haut Machault et Eust. Deschamps, les mentionner séparément. Je pense qu'il faut faire une distinction entre les auteurs qui citent la *doucaine* : les uns le font d'une manière vague ; ils désignaient alors le hautbois en général ; les autres parlent de la *Doucaine* avec connaissance : chez eux c'était la quinte ou taille de hautbois. Brossard nous l'apprend dans son *Dictionnaire de Musique* au mot *Dulcino :* cet instrument est donc resté chez nous sous le nom de *cor anglais.* Si la chose avait un peu d'importance, je pense qu'il ne serait pas impossible de donner historiquement la raison de ce nouveau nom. Mersenne, dans son *Traité des instruments,* p. 302, nous donne la figure de la taille du hautbois de Poitou : il est plus grand qu'un hautbois ordinaire et est garni, vers son extrémité inférieure, d'un barillet percé d'un grand nombre de trous, sous lequel se trouve placée une clef. Or, les miniatures des manuscrits nous représentent très souvent un instrument semblable. Zacconi, dans sa *Pratica di Musica ,* part. I, p. 218, parle de la *doucaine.* Selon lui et Cerone telle était

l'étendue de cet instrument

Les trois dernières notes étaient obtenues sur la *doucaine* à clefs. Il me paraît certain que sous ce nom l'auteur a voulu désigner un ténor de hautbois, car la table qu'il présente me semble très complète ; et l'importance du hautbois ne peut laisser supposer qu'il ait été oublié.

Vers le xvi° siècle on trouva que la basse de hautbois était trop difficile à jouer en raison de sa longueur ; on imagina donc de la diviser et d'en réunir les fragments en faisceau, qui d'ailleurs se communiquaient entre eux ; on rendait, par ce moyen, l'instrument plus maniable et plus portatif. Cet assemblage se nommait FAGOT. Les *fagots* s'ajoutèrent aux basses du hautbois pour suppléer à leur effet, qui laissait peut-être quelque chose à désirer en raison de leur forme incommode. Ou nomma *courtaut*, un basson raccourci qui servait de basse à la musette. Enfin, Mersenne parle aussi d'un *fagot* nommé *cervelat*, en disant que ce n'est autre chose qu'un *courtaut* si petit qu'il pouvait être caché dans la main : il n'avait, selon cet auteur, que cinq pouces de long. Je ne dois pas finir ce qui regarde le *fagot*, sans parler d'une invention qui porte aussi ce nom et que mentionne Thésée-Ambrosio Albonęseo dans son *Introduction des langues caldéennes, syriaques*, etc., p. 179 : il l'attribue à son oncle Affranio. Cet instrument n'était pas autre chose qu'un double *fagot*, dont beaucoup de trous s'ouvraient par des clefs, et que l'on jouait

6

au moyen d'un soufflet qui gonflait un sac servant de réservoir. Tout ce petit appareil se plaçait sous le bras, comme dans les musettes d'Italie de la même époque nommées *sourdelines*, lesquelles faisaient résonner un hautbois. Affranio n'était pas auteur du *fagot*, mais seulement auteur d'une epèce de *fagot* plus compliqué que le *fagot* ordinaire; c'est même ce que dit Alboneseo. « Ab Affra- « nio patruo meo instrumentis istius vel inven- « tore aut certe perfectore. » Le fagot d'Affranio avait vingt-deux notes, et le son le plus grave qu'il produisait était à l'unisson de celui que donne un tuyau de dix pieds de long. Zacconi, *Prattica, etc.*, parte prima, fol. 218, et Cerone, *El melopeo*, p. 1063, nous parlent d'un FAGOTTO CORISTA. J'ignore si cet instrument se trouve compris, sous un autre nom, parmi ceux dont nous venons de faire mention. Selon ces auteurs, telle serait son

étendue 

La CHEVRETTE était la musette qui, en effet, porte encore le nom de *chièvre, chèvre, chevrie*, dans quelques provinces de France. Eustache Deschamps (édition Crapelet, p. 120) se sert du mot *chevrette*, en faisant une plaisanterie obscène sur la conformation de l'instrument, qui donne toute certitude sur le sens qu'il lui attribue. On employait aussi le mot de CORNEMUSE pour indiquer le même instrument; ainsi l'on voit dans les

Mémoires d'Olivier de La Marche, livre I : «Jean,
«duc de Bourgogne, était enferré de trois lances
«de ses ennemis, tenu par la tête d'un quatrième
«qui lui tenait la tête sous le bras à la corne-
«muse.» Plus tard, le mot CHALEMIE, que nous
avons déjà défini, eut la même signification. On
trouve effectivement la musette désignée sous ce
nom par Mersenne. La cause de cette confusion
de nom provient sans doute de ce que la musette
résonne au moyen d'un petit hautbois qui est
adapté au sac que l'exécutant place sous son bras.
Je ne terminerai pas ce qui est relatif à la musette,
sans renvoyer à ce que j'en ai déjà dit aux mots
pythaules et *muse;* enfin, on verra plus bas qu'elle
porta aussi les noms de *chorus* ou *choron.*

La BUISINE était une trompette de métal, car
on voit :

Cil tabor branlent et estonnent
Ces buisines d'airain resonnent.
(Rom. d'*Athis et Prophilias*, mss., f. 55, v., col. 2.)

Froissard, dans se poésies manuscrites, dit, en
parlant du jugement dernier :

Sains Jéhans, sains Mars et sains Lus,
Et sains Mahieu droit là seront,
Qui leurs buisines sonneront
Dont resusciteront les morts.

Ce mot, suivant différents étymologistes, vient
de *bucina*, d'où buccina aussi a-t-il signifié en gé-

néral tous les instruments qui s'embouchent; c'est ce qui fait dire à J. de Meun, d'après un auteur grec, en parlant de Minerve, à laquelle les anciens attribuent l'invention de la flûte : « Qu'elle jeta « dans l'eau sa buisine dont elle avait joué, lors- « qu'elle vit que l'enflure de ses joues défiguraient « sa beauté. » *Roman de la Rose*, f° 1426-1443.

Zacconi et Cerone lui assigne une étendue pres-

qu'illimitée au grave, en partant du  à

l'aigu, et en descendant indéfiniment jusqu'où peut aller l'habileté de l'exécutant, ou l'addition de coudes supplémentaires.

La TROMPE était un instrument d'usage et de nature à peu près semblable à la *buisine*, car on voit :

> Unkes nul a greignor compaigne
> N'assembla mais n'a greigneux pompe,
> Mainte bosine et mainte trompe
> Fait sonner por s'ost assembler.
>
>   (*Tournoiement de l'Antechrist.*)

Il existait probablement entre la *buisine* et la *trompe* la même différence qu'entre la *buccina* et la *tuba*. La *trompette*, dont le nom indique un diminutif de la *trompe*, reçut, vers le xvi⁰ siècle, quatre divisions, comme les autres instruments : premier dessus, second dessus, bourdon et basse. Cette dernière partie fut nommée par les Alle- mands *busauns*, probablement de *buisine*, et par les Français, *saquebute*. Depuis, nous l'avons nommée *trombonne*. Dans la cavalerie, où cet instrument fut essentiellement employé, le dessus de trompette fut nommé *toquet*, je ne sais pourquoi.

On trouve dans de vieux comptes les désignations de *trompettes à potence* et *trompettes à tortilles*. Sans avoir à ce sujet des renseignements bien précis, je crois avoir quelques raisons de penser que les premières étaient des espèces de trompes droites dont se servaient les hérauts d'armes dans leurs proclamations sur la place publique. Ces grands instruments devaient probablement être soutenus par de petites potences, comme les arquebuses et fusils de remparts. D'anciennes gravures nous représentent les trompettes des crieurs supportées par des pages. Les *trompettes à tortilles*, différentes des *trompettes a potence*, devaient être recourbées dans leur longueur, comme cela a lieu de nos jours, afin de pouvoir être portées, sans secours étrangers, par celui qui s'en servait.

Les CORNETS furent, dans l'origine, de simples cornes d'animaux dont on tirait un son semblable à celui des cornets à bouquin, dont nous avons les oreilles déchirées pendant le carnaval. Nous en avons déjà parlé au mot *buccina;* plus tard on en fit en bois, et de plusieurs grandeurs. Je ne dois pas omettre un passage trouvé dans un manuscrit de la Bibliothèque de Berne par M. Jubinal (*voyez* son Rapport à M. le Ministre de l'instruction publique, suivi de quelques pièces inédites tirées des ma-

nuscrits de la Bibliothèque de Berne, page 18.
Paris, 1838).

« Il a en la legion trompeurs, corneurs et bui-
« sineurs. Trompeurs trompant quand li cheva-
« liers doivent aller à la bataille, et quand ils s'en
« doivent retourner aussi. Quand li corneurs cor-
« nent, cil qui portent les enseignes lor obeissent
« et s'emeuvent, mais non pas li chevaliers. Toutes
« les fois que li chevaliers doivent issir pour faire
« aucune besogne, li trompeurs trompent : et
« quant les banières se doivent mouvoir, li cor-
« neurs cornent. Encore y avoit ça en arriere, une
« autre maniere d'instrumenz que l'en apeloit
« clasiques; et je cuit l'en les appelle orendroit bui-
« sines. »

On lit, dans le roman de Claris : « La oissiez
« maint cor de pin. » Il y en eut aussi en ivoire;
ils portaient alors le nom d'*oliphan*. Par la suite les
cornets furent percés de trous, comme d'autres
instruments à vent, et prirent aussi leurs quatre
divisions (voyez *fig.* 12). La basse de cornet
était le serpent, dont on se sert de nos jours dans
les églises. Zacconi, dans sa *Prattica di musica*,
Pᵉ 1ᵐᵉ, p. 218, et Cerone, *El melopeo*, p. 1063,
divisent les cornets en blancs et en noirs. Cette
division a peut-être été motivée par l'habitude où
l'on était de recouvrir certains cornets avec du
cuir noir, ainsi que Mersenne nous l'apprend,
page 274. Malheureusement, il ne nous instruit
pas des différences qui existaient entre ces deux

espèces d'instruments. On peut remarquer des
cornets dans les tableaux de l'école italienne. Le
Valentin, par exemple, a représenté plusieurs con-
certs dans lesquels on les voit figurer. Zacconi,
Prattica di musica, parte prima, f° 212, et Cerone,
El melopeo, p. 1063, nous apprennent que les

CORNETS BLANCS avaient cette étendue :

et les CORNETS NOIRS celle-ci

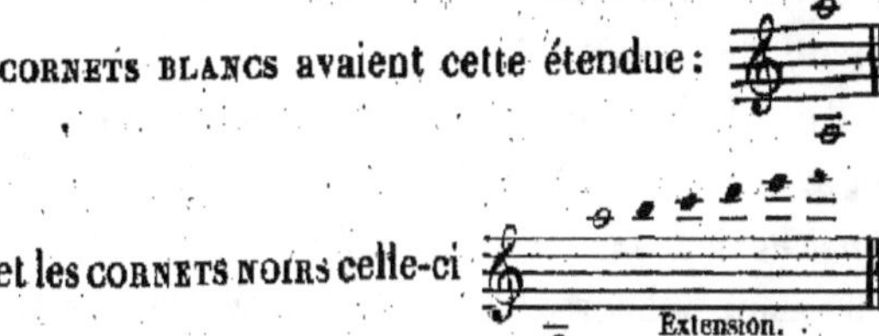

Dans cette division se place aussi un CORNET
TORS (*fig.* 13), qui n'est pas le cromorne dont
nous avons déjà parlé. Le CORNET TORS servait
de tenor au CORNET. Selon Zacconi et Cerone
son étendue se comportait ainsi Il pa-

rait que cet instrument était pourvu d'une clef,
car les auteurs disent que c'est par ce moyen que
l'*ut* au grave était obtenu.

Les auteurs ne nous ont laissé aucun renseignement sur les CORS SARRAZINOIS. Que pou-
vaient-ils être? un instrument bruyant sans aucun
doute, car il est toujours cité de compagnie avec
les tambours et les trompettes :

Si ot maintes armonies,
Tabours et cors sarrasinois,

Entr'eux mainent grand tabarois
Lé uns trement, lè autres saillent.

(Roman de *la Rose.*)

D'après ce dernier mot c'était donc un instrument dont le son était perçant. Après avoir parlé avec détail des instruments à cordes et des instruments à vent, il nous reste à examiner les instruments de percussion.

Tout le monde connaît le TAMBOUR; il se nommait aussi BEDON. Selon M. Amanton, le *tambour* n'a été introduit en France, comme instrument militaire, qu'en 1347 au siége de Calais par Édouard III (*France littéraire,* mars 1836, p. 145); il y en avait de différentes formes et de différentes capacités, cela dépendait de l'usage. En effet, Gerson dit : « Tympanum vulgo gallicis di« citur *tambour* vel *bedon,* compositum est pelle « derasa tensaque; cujus modi non est una, vel « magnitudo, vel forma, vel usus. Sunt timbanala « duo gallice NACQUAIRES unum obtusi supra mo« dum soni alterum peracuti...... Sunt alia tym« pana vulgaribus magis assueta, quia faciliora, « quia sonabiliora ad saltus inconditor et alia tri« pudia, quibus solent jungi fistulæ biforaminæ et « triforaminæ, etc.... » On voit que sous le nom de *tripudia,* l'auteur désigne les tambours dont on joue en même temps que du galoubet. Cette espèce paraît aussi avoir porté le nom de *bédon,* car on trouve *Litt. remiss.,* anno 1425, *Archiv. du*

roy., *in Reg.*, 173, chap. CCXXXIX : « Vint un
« bedonneur ou flageolleur devant l'uis de la ta-
« verne, au bedonnement ou flageollement du-
« quel, etc. » Ducange attribue aux Arabes l'invention du tambour. Monstrelet (vol. III, f° 60, r°)
assigne la même origine aux NACAIRES, qui
n'étaient pas autre chose que des timbales. Outre
la citation de Gerson, que nous venons de présenter, on peut voir dans Ducange de nombreux
renseignements qui en donnent la preuve.

Les CIMBALES se frappaient les unes contre
les autres (voyez ce que j'en ai dit au mot *acetabula*); elles n'ont donc pas changé, et nous n'a-
vons rien à ajouter à ce que nous avons dit.

Les CLOCHETTES étaient probablement un
carillon disposé de manière à produire un effet
tant soit peu musical par le son des petites cloches qui le composaient. Le chapiteau de l'abbaye
de Bocherville nous donne une idée de ce que
devait être un semblable instrument. Les figures
qui sont placées près de ce qu'il en reste semblent frapper sur une rangée de sonnettes et sur
une cloche beaucoup plus forte qui est placée au-
dessous.

Le TYMBRE enfin était une espèce de tambour;
car on trouve dans un psautier manuscrit (Bibliothèque royale, n° A 27, fonds de l'église de Paris,
fol. 135, v°, col. 2...) « Au milieu de jeunes meschi-
« nettes tymbreresses... Car ce signifie li timbres,

« qui est un estrumenz de musique qui est cou-
« vert d'un cuir sec de beste. » Et dans le roman
de la Rose :

> .... Qui ne finaient de ruer
> Le tymbre en haut et recueillirent
> Sur un doi, que onques défaillaient.

Je pense donc, d'après ces renseignements, que
c'était ce que l'on appelle un tambour de basque

La TREPIE était sans doute le triangle dont on
se sert dans la musique militaire, et même dans
les orchestres. Je renvoie au mot *tripos* pour trouver les raisons qui me font admettre cette supposition.

Je dirai en passant, qu'au moyen-âge, le petit
instrument de percussion, connu sous le nom de
CASTAGNETTES, existait déjà. On le voit figurer
souvent sous celui de *maronettes*. Il est inutile de
dire que, dans l'un et l'autre cas, son nom tire
son origine de sa forme.

Il me reste à parler des instruments dont la
nature était douteuse, et de ceux qui sont tout-
à-fait inconnus. Parmi les premiers on peut placer
la CITOLE, qui était sans doute un instrument à
cordes à la manière peut-être d'une cythare; en
effet, nous voyons :

> Le poëte de Thrace et sa cistolle
> Fist ceux d'enfer mouvoir à la carolle.
>
> (*Theodatus*, man. de la bibl. S-Y., n° 2287, f. 135.)

Il est évident que le poëte a voulu représenter

Orphée avec sa lyre, et il s'est servi d'un mot qui, de son temps, désignait un instrument semblable.

Le mot CHORON, ou *chœur*, avait plusieurs sens. Ainsi Gerbert indique (*de Cantu et musica sacra*, vol. II, p. 152) deux manuscrits où l'on trouve un dessin d'instrument à cordes autour duquel se lisent ces mots : « Chorus secundum quosdam « cum quatuor chordis. » De plus, Aymeric de Peyrac dit :

> Quidam choros consonabant
> Duplicem cordam perstridentes.

Cette citation coïncide avec un passage de Gerson : « Sic chorus vocatur a non nullis vulgaribus « instrumentum quoddam, instar trabis oblongum « et vacuum, chordas habens grossiores multo plus, « quam cithara duos aut tres, quæ baculis erutis « percussæ varie, variant rudem sonum. » D'après ces différentes versions, et surtout d'après la dernière, on peut croire que c'était un tympanon. D'un autre côté, nous voyons dans la lettre de saint Jérôme à Dardanus : « Chorus quoque sim- « plex, pellis cum duobus cicutis aeris et per pri- « mam inspiratur, per secundum vocem emittit. » Ici c'était une musette. Gerbert nous donne même des représentations de ce *chorus* d'après un manuscrit de saint Blaise et un de saint Emeran. La construction d'un de ces *chorus* est fort bizarre.

D'après le doute résultant de ces citations, je pense qu'il faut examiner avec soin les circonstances qui accompagnent l'emploi de ce mot par les auteurs, pour en apprécier la nature avec certitude.

Nous ne voyons le mot **ELES** que dans Machault, et comme il se présente dans une nomenclature, rien ne peut nous faire supposer ce qu'il peut signifier. Ducange, d'après un vieux glossaire, fonds Saint-Germain, n° 501, désigne par *celes* une cythare; effectivement cet instrument qui existait à l'époque de Machault ne se trouve pas désigné dans cette pièce.

J'ignore ce que c'est que l'**ESCHAQUEIL** d'**ANGLETERRE**. Gerson, III, 627, cite un instrument à corde qu'il nomme *scacarum*, et plus loin, III, pag. 676, il se sert du mot *scachordum*. Est-ce le même? Cela peut-il avoir quelque rapport avec l'*eschaqueil?* Eustache Deschamps parle d'un instrument nommé *eschiquier*.

> Fors plantiau le musicien
> Qui je ne quant je l'en requier,
> De la harpe et d'eschequier.

Plus loin :

> Je n'aie si mal en l'ongle
> Que je n'aie apprins à jouer
> A l'eschiquier et flajolet.

Dans le premier cas, il se trouve mis en regard avec un instrument à cordes; dans le second, avec un instrument à vent. Il n'y a rien de concluant dans ce qui précède; cependant on peut présumer que l'*eschaqueil* dont parle Machault est le même que l'*eschiquier* d'Eustache Deschamps.

Je dirai maintenant que j'ai trouvé dans la miniature du manuscrit 701, suppl'. lat. déjà cité, un instrument fort singulier, qui pourrait peut-être avoir quelque rapport avec celui dont il est ici question. Une jeune fille porte une boîte faite comme un petit escalier, à laquelle pendent deux petites cloches; une autre jeune fille qui suit paraît se servir d'une espèce de tampon de bois pour frapper sur cet instrument dont la forme extérieure aurait quelque analogie avec le dessin d'un échiquier. Mersenne, *Harmonie universelle*, liv. III, p. 175, donne la représentation d'un instrument qu'il nomme *eschelettes*, qui a un certain rapport avec celui qui nous occupe. Dans tous les cas, les hypothèses fort vagues, j'en conviens, auxquelles je me livre à l'occasion de l'*eschaqueil*, doivent cependant m'être permises, car il n'est pas impossible qu'elles mettent sur la voie celui qui posséderait quelques renseignements plus complets.

J'ignore tout-à-fait ce que pouvaient être la GIGUE, l'ENMORACHE et le MICAMON. Guillaume de Machault est le seul auteur qui fasse mention des deux premiers, et le dernier, qui se présente assez souvent, est probablement la répétition d'un instrument connu plus généralement sous un autre nom. Dans quelques auteurs, il est désigné par *micanon*. Ce mot semblerait signifier que c'est l'octave d'un *canon*, qui sans doute était une flûte aussi bien que la *pipe* et la *fistule*.

Parmi les nombreux instruments que je viens de signaler, beaucoup ont disparu, d'autres se sont conservés, agrandis de moyens nouveaux. L'orgue, entre autres, est devenu à lui seul le résumé de presque tous les instruments à vent. Ainsi nous voyons figurer dans la nomenclature de ses jeux : la flûte, le hautbois, le basson, le cromorne, le cornet, le clairon, etc. Au premier abord, l'ensemble général des instruments du xvi⁰ siècle paraît plus complet que le nôtre, car chacun avait sa famille ; les violes, les violons, les flûtes, les hautbois les cornets, etc., comprenaient chacun un système complet. Mais sous cette richesse apparente était cachée, il faut le dire, une indigence réelle. On n'a jamais recherché quelle était la raison de cette extension ; je pense que la voici. Ce ne fut que vers la fin du xvi⁰ siècle, qu'en accompagnant les voix, la musique instrumentale commença à se séparer des parties de chant, desquelles, jusqu'à cette époque, elle n'osait, en quelque sorte, s'écarter. Si chaque instrument n'avait pas eu les mêmes divisions que la voix, les parties vocales doublées par lesdits instruments, auraient écrasé celles qui ne l'eussent pas été ; il fallait donc maintenir l'équilibre dans l'exécution ; en un mot, on construisit des dessus, des hautes-contre, des tailles et des basses d'instruments pour les jouer à l'unisson, avec la voix à laquelle se rapportait chacune de ses divisions.

Les auteurs du moyen-âge nous ont laissé sans doute beaucoup d'instruments dont je n'ai pas parlé; mais on doit penser que, dans l'état d'imperfection où était la musique de cette époque, tout ce qui faisait du bruit étant râclé, égratigné, soufflé ou frappé, devait être considéré comme un instrument; car l'orchestre était bien loin d'être alors ce qu'il est devenu depuis, un assemblage raisonné d'instruments divers, dont la réunion doit produire un effet musical déterminé d'avance. Fort avant dans le moyen-âge, il faut bien le dire, ce n'était encore qu'une réunion plus ou moins nombreuse d'individus, faisant un charivari plus ou moins désordonné.

J'ai cru devoir, dans ce qui précède, m'arrêter aux instruments d'où sont dérivés les nôtres, et renoncer à l'examen des faits isolés, et en quelque sorte individuels. En effet, de pareilles recherches deviendraient interminables, et ne serviraient qu'à nous éloigner de l'étude d'une époque à laquelle nous devons tant, malgré ses erreurs; mais en même temps ne faut-il pas reconnaître que ces dernières étaient inséparables de l'état peu avancé de l'art? et aurions-nous bonne grâce de les lui reprocher?

PIECES JUSTIFICATIVES.

Les pièces suivantes se trouvent dans des ouvrages qui se rencontrent difficilement ; nous
avons pensé qu'il serait utile pour le lecteur de
pouvoir les consulter ici.

LETTRE DE SAINT JÉROME A DARDANUS [1].

(Hieronimi Opera, *Antwerpiæ, ex officina Chr. Plantini*,
9 tom. en 3 vol. in-fol., t. IX, p. 113.)

Ad Dardanum de diversis generibus musicorum instrumentis Epistola XXVIII.

Cogor a te, ut tibi Dardane de aliquibus[2] generibus musicorum, sicut res docet[3], vel visione, vel auditu[4] brevi sermone
respondeam. Alia enim[5] ad lucidum proferre non possum :
quia *unaquæque res*[6] secundùm ingenium ejus est ; quæ autem possunt inarrari, libenter explicabuntur. Primum om-
nium ad Organum, eo quod majus esse his in sonitu et forti-
tudine nimia computantur, clamores veniam : de duabus
elephantorum pellibus[7] concavum conjungitur : et per duodecim fabrorum sufflatoria *comprensatur*[8] : per quindecim ci-

(1) Le manuscrit 7211, ancien fonds latin, Bibliothèque Royale, con-
tenant cette lettre avec quelques différences, nous donnons ces variantes
en note.

(2) Aliis.

(3) Quam.

(4) Comprobavi.

(5) Per rerum absentiam delapsa ad lucem.

(6) Uniuscujusque peritia.

(7) Lignum.

(8) Compensatum.

cutas æreas in sonitum nimium, *quos*[1] in modum tonitrui
concitat[2] : ita ut per mille passuum spatia sine dubio sensi-
biliter utique et amplius audiatur : sic apud Hebræos de or-
ganis, quæ ab Hierusalem, usque ad montem Oliveti, et amplius sonitu audiuntur comprobatur. Duo genera organi a
plerisque esse dicuntur. Primum est quod prædiximus : et
aliud quod de peregrinatione Israelitici populi apud Babylo-
nios inscribitur. *Super flumina Babylonis*, etc. Hoc totum
figuraliter et spiritualiter significat Evangilum Christi ; quod
et illud duabus pellibus : id est, duarum legum asperitate :
conjungitur per quindecim sufflatoria fabrorum : id est, per
patriarchas et prophetas, per duodecim cicutas æreas : id est,
per apostolos sonum nimium emittit, sicut scriptum est. In
omnem terram exivit sonus eorum, et reliqua[3]. Quod est in
modum tonitrui : id est, vox Evangelii in toto orbe terrarum,
sicut scriptum est. Vox tonitrui tui Deus in rota per mille
passus : id est, perfectum numerum decem verborum legis im-
pletur, sonus ejus in salicibus : id est per laborem uniuscujusque doctoris labiorum Evangelium prædicatur. Tuba, de qua
in Daniele scriptum est. Cum audieritis vocem tubæ, fistulæ,
citharæ et reliqua : diversis figuris ac formis efficitur. Aliter
enim est tuba congregationis populi, aliter conductionis, aliter victoriæ, aliter persequendi inimicos, aliter concussionis
civitatum, et reliqua. Tuba autem consuetudinis apud rerum
peritissimos hoc modo intelligitur : tribus fistulis æreis in capite
angusto inspiratur, in capite[4] per quatuor vociductus æreos,
qui per æreum fundamentum *quaternas*[5] voces producunt, mugitum nimium vehementissimumque profert. Ita Evangelium
terna confessione trium personarum Sanctæ Trinitatis in capite
angusto : id est, innativitate, Christi, divinitate inspiratur ;
et per quatuor vociductus : id est, quatuor evangelistas, per

(1) Quasi.
(2) Concitatur.
(3) Et reliqua usque ad organa nostra.
(4) Lato.
(5) Cæterus.

eremum fundamentum, stabilitatem fidei, et operum in toto orbe voce nimia clamores, quos in modum tubæ congregationis fortiter emittit. Fistula præterea artis esse mysticæ, sicut fusores earum rerum affirmant, reperitur : ita bombulum æreum ductile quadratum latissimumque *quasi in modum coronæ cum fisicolo æreo ferroque commixto* [1], atque in medio concusso, quod in ligno alto spatiosoque formatum superiore capite constringitur, alterum altero capite demisso, sed terram non tangi a plerique putantur : et per singula latera duodecim bombula ærea, duodecim fistulis in medio positis; in catena fixis dependent : ita tria bombula *in uno latere per circuitum utique figuntur* [2] et concitato primo bombulo, et concitatis duodecim bombulorum fistulis in medio positis, clamorem magnum fragoremque nimium supra modum simul proferunt. Bombulum itaque cum fistulis : id est, doctor in medio ecclesiæ est, cum Spiritu Sancto qui loquitur in eo, constringitur in ligno alto : id est, Christo, qui a sapientibus ligno vitæ comparatur, in catena : id est, in fide, et non tangit terram : id est, opera carnalia, duodecim bombula : id est, duodecim apostoli, cum fistulis : id est, divinis eloquiis. Cithara de qua in quadragesimo secundo psalmo scriptum est. Confitebor tibi in cithara Deus Deus meus, propriæ consuetudinis est apud Hæbreos, quæ cum cordis viginti quatuor, quæ in modum deltæ litteræ, sicut peritissimi tradunt, utique componitur : et per digitos Pindari variis vocibus tinnulis ictibusque in diversis modis concitatur. Cithara autem de qua sermo est, ecclesia est, spiritualiter, quæ cum quatuor et viginti seniorum dogmatibus trinam formam habens, quasi in modum deltæ litteræ per fidem Sanctæ Trinitatis manifestissime sine dubio significat : et per manus viri Petri apostoli, qui predicator illius est in diversos modulos veteris et Novi Testamenti aliter in littera, in sensu figuraliter concutitur.

(1) Cui fistula in modum columnæ aere ferroque commixta sit conjuncta.

(2) Unicuique lateri affiguntur.

Sambuca itaque quæ apud peritissimos Hebreorum ignota res
est, antiquis temporibus apud Chaldeos fuisse reperitur : sicut
scriptum est. Cum audieritis vocem tubæ, fistulæ, citharæ,
sambucæ : et reliqua. Bucca vocatur tuba apud Hebreos, de-
inde per diminutionem buccina dicitur. *Sambuca*[1] autem sol
apud Hebræos interpretatur : sicut scriptum est. Samsom[2]
sol eorum. Propterea autem apud eos sambuca inscribitur,
quia multi corticem arboris esse putant, et per soliditatem
mallis *venæ*[3], ac mutabilitatem, quasi in modum tubæ de ramo
arboris moveri potest : ideo sambuca dicitur quia æstatis tempore fieri potest, et usque ad frigoris tempus durare potest.
Arescit *enim secundum communem consuetudinem*[4]. Typus
eorum[5] qui dominum in bonis operibus laudant, et in tempore
frigoris, id est, tribulationum vel persecutionis laudare eum
non possunt propter infidelitatem vitæ, et abundantiam divi-
tiarum suarum. Psalterium quoque Hebraice Nablon, Græce
autem psalterium, latine autem laudatorium dicitur, de quo
in quinquagesimo quarto psalmo dicitur. *Exurge psalterium
cum cithara*[6]. (Est autem cum chordis decem, sicut scriptum
est. In psalterio decem chordarum psallam tibi : forma qua-
drata.) Psalterium itaque cum decem chordis : id est, cum
decem verbis legis contritis contra omnem hæresim, qua-
drata per quatuor evangelia potest intelligi. Tympanum paucis
verbis explicari potest : quæ nimima res est, eo quod in manu
mulieris portari possit : sicut scriptum est in Exodo. Sumpsit
autem Maria prophetes soror Aaron tympanum in manu sua[7] :

(1) *Sam.*
(2) Dicitur.
(3) Lignei.
(4) Autem sicuti et alia ligna.
(5) Hebreorum.
(6) Non in modum cytharæ, sed quasi in modum clypei quadrati formatur cum cordis sicut scriptum est in psalterio decem cordarum, sed
hinc cordæ ejus contrariæ sunt, ut surgentes ab inferis ad cœlorum
regna per indicium manuum concitantis ab imo in altum significarent.
(7) Est autem quasi tuba cum una fistula in capite angusto per quod

et est minima sapientia legis veteris in manu Judæorum. Synagogæ antiquis temporibus fuit chorus quoque simplex pellis cum duabus cicutis æreis, et per primam inspiratur, per secundum vocem emittit[1]. Typus populi prioris qui per angustam intelligentiam legis acceperat, et per angustam voluntatem prædicationis omnia infirmiter prædicavit. Si autem terrena sapienter ac diligenter respiciam, et spiritualiter ac mystice intelligenda sunt.

in antiquis temporibus minima sapientia veteris legis in manu Judeorum synagogæ fuit.

Chorus quoque, est.

(1) Hoc autem typus est populi, etc.

PIÈCE DE VERS INTITULÉE *ORGANON*,

COMPOSÉE PAR PUBLIUS OPTATIANUS EN L'HONNEUR DE CONSTANTIN.

Vertical acrostic (centre column): **AUGUSTO VICTORE JUVAT RATA REDDERE VOTA.**

Post martios labores
Et Cæsarum parautes
Virtutibus per orbem
Tot laureas virentes,
Et principis tropœa ;
Felicibus triumphis
Exsultat omnis ætas,
Urbesque flore grato,
Et froudibus decoris
Totis virent plateis.
Hinc ordo veste clara
Eum purpuris honorum
Fausto precantur ore,
Feruntque dona læti.
Jam Roma culmen orbis.
Dat munera et coronas
Auro ferens corusco
Victorias triumphis
Votaque jam theatris
Redduntur et choreis.
Me sors iniqua lætis
Solemnibus remotum
Vix hæc sonare sivit
Tot vota fonte phœbi
Versuque compta solo
Augusta rite sæclis.

O si diviso metiri limite Clio
Una lege sui, uno manantia fonte
Aonio, versus heroi jure manente
Ausuro donet metri felicia texta
Augeri longo patiens exordia fine
Exiguo cursu, parvo crescentia motu
Ultima postremo donec fastigia tota
Ascensus jugi cumulato limite cludat,
Uno bis spatio versus elementa prioris
Dinumerans, cogens æquari lege reteñta
Parva nimis longis, et visu dissona multum
Tempore subparili metri rationibus ïsdem
Dimidium numero musis tamen æqui parentem
Hæc erit in varios species aptissima cantus
Perque modos gradibus surget fecunda sonoris
Ære cavo et teretri, calamis crescentibus aucta.
Quîs bene suppositis quadratis ordine plectris
Artificis manus in numeros clauditque aperitque
Spiramenta, probans placitis bene consona rythmis,
Sub quibus unda latens properantibus incita ventis
Quos vicibus crebris juvenum labor haud sibi discors
Hinc atque hinc animæque agitant, augetque reluctans
Compositum ad numeros propriumque ad carmina præstat,
Quodque queat minimum ad motum intreme facta frequenter
Plectra adaperta sequi, aut placidos bene claudere cantus,
Jamque metro et rythmis præstringere quidquid ubi est

MORCEAU TIRÉ DE LA VIE DE CHARLEMAGNE,

PAR

AYMERIC DE PEYRAC.

Ce morceau a été copié dans le manuscrit n°
5945, ancien fonds latin, et il a été collationné sur
le manuscrit n° 5944, fol. LXXX, v°. Les différentes
leçons que l'on trouve dans ce dernier manuscrit
sont en note.

Et quidam vero orationes in conspectu angelorum psallebant,
 Orationem transmittentes[1].
Quidam tactu tubas permiscue clangebant,
 Inimicos perterrentes.
Quidam armonice decantabant,
 Multis applaudentes.
Quidam campanas tangebant,
 Aerem malum depurantes.
Quidam organna exsufflabant,
 Dulciter ventus flatuum temperantes.
Quidam cithara titinitabant,
 Infirmas consolantes.
Quidam sambuco jocabant,
 Gravatos dulciter recreabant[2].
Quidam nacaria baculabant,
 Magnum sonum facientes.
Quidam tympanum percutiebant,
 Tindens ferreum contractantes.
Quidam symphonia ludebant,
 Orbatos lumine exultantes.

(1) Transmuttantes.
(2) Recreantes.

Quidam pelvim modicam tangebant [1],
    Baculo sonos properantes.
Quidam flahutas dulcorabant,
    Ceteris cunctis concordantes.
Quidam dulcianam emphoniabant [2],
    Melos suaves concinentes.
Quidam symphoniam dissonabant,
    A dulci sono discrepantes.
Quidam artis vocem elevabant,
    Quasi celum penetrantes.
Quidam thesis voces [3] fingebant,
    In hympnis impuras dimittentes.
Quidam subtiles voces faciebant,
    Delicatos nervos perstringentes.
Quidam plurimos sonos concordabant,
    Ut serena animos blandientes.
Quidam voces raucas dispergebant,
    Invitas ut plurimum emittentes.
Quidam secam vocem habebant,
    Fictilem et brevem producentes.
Quidam perfecta voce canebant,
    Claram et gratissimam emittentes.
Quidam tibias personabant,
    Pro funeribus et sacris deum collaudantes.
Quidam sambucam musicabant,
    Fragili symphoniæ alludentes.
Quidam dispares calamos aptabant,
    Arte studiosa cera conjungentes,
Quidam psalterio decacordo psallebant,
    Decalogum legis designantes.
Quidam lira diversos sonos faciebant,
    Modulationem inter sidera collocantes.

(1) Tinniebant.
(2) Amphoniabant.
(3) Vocem.

Quidam sistrum percussiebant,
  Olim in bello feminarum asportantes.
Quidam hympnos laudum concrepantes,
  De paradisi gloria spe letantes.
Quidam tristes frenorum voces erumpebant,
  Eum quasi   conspicientes.
Quidam psalterio ludum faciebant,
  Prophetice deum collaudantes.
Quidam blandosam[1] concordabant,
  Plurimas cordas cumulantes.
Quidam triplices cornu tonabant,
  Quædam foramina inclaudentes.
Quidam choros consonabant,
  Duplicem cordam perstridentes.
Quidam taborellis rusticabant,
  Grossum sonum premittentes.
Quidam cabreta vasconisabant,
  Levis pedibus persaltantes.
Quidam liram et tibiam properabant,
  Alios tactu precedentes,
Quidam harpam grate pulsabant,
  Prolixas virgulas sic proferentes[2].
Quidam rebecam arcuabant,
  Quasi muliebrem vocem confingentes.
Quidam fistulam dulcem cantabant,
  Pueris applaudentes.
Quidem turpem vocem crocitabant,
  Per antifrasim consonantes.

Dans le manuscrit 5944 le texte est accompagné d'une glose mystique qui n'est bonne à rien.

(1) Baudosam.
(2) Precedentes.

PIÈCE DE VERS DE G. DE MACHAULT,

TIRÉE DU POÈME SUR LA PRISE D'ALEXANDRIE.

Là avoit de tous instrumens;
Et s'aucuns me disoit tu mens,
Je vous dirai les propres noms
Qu'ils avoient et les seurnoms,
Au moins ceuls dont j'ai connoissance,
Se faire le puis sans ventance;
Et de tous les instruments le roy
Dirai le premier si comme je crois :
Orgues, vielles, micamon,
Rubèbes et psaltérion,
Leus, moraches et guiternes,
Dont on joue por ces tavernes;
Cimbales, cuitolles, nacquaires,
Et de flaios plus de X paires,
C'est a dire de XX manières,
Tant des fortes comme des légières;
Cors sarrazinois et doussaines,
Tabours, flaustes traversaines,
Demi-doussaine et flaustes,
Dont droit joues quand tu flaustes; .
Trompes, buisines et trompettes,
Gingues, rotes, harpes, chevrettes,
Cornemuses et chalemelle,
Muse d'Aussay riches et belles,
Eles, fretiaux et monocorde,
Qui à tous instruments s'accorde;
Muse de blef qu'on prent en terre,
Trepie, l'eschaqueil d'Angleterre,
Chiphonie, flaios de saus;
Et si avoit plusieurs corsaus

D'armes, d'amour et de sa gent,
Qui estoient courtois et gent.
Mais toutes les cloches sonnoient,
Qui si très grand noise menoient
Que c'estoit un grand merveille.
Le roi de ce, moult se merveille,
Et dist qu'oncques mais en sa vie
Ne vist si très grant mélodie.

Bibliothèque Royale, manuscrit 25, Lavalle vol. II, fol. 67, v°.

PIÈCE DU MÊME AUTEUR,

TIRÉE DE LA PIÈCE INTITULÉE *LE TEMPS PASTOUR.*

Là je vis tout en un corne
Viole, rubebe, guiterne,
L'eumorache, le micamon
Citole et psaltérion,
Harpes, tabours, trompes, nacaires.
Orgues, cornes plus de dix paires,
Cornemuse, flajos et chevrettes,
Douceines, simbales, clochettes,
Tymbre, la flauste brehaigne
Et le grant cornet d'Allemaingne,
Flaios de saus, fistule, pipe,
Muse d'Aussay, trompe petite,
Buisine, eles, monocorde,
Ou il n'y a qu'une seule corde;
Et muse de blet, tout ensemble;
Et certainement il me semble
Qu'oncques mais tèle melodie
Ne feust oncques veue ne oye;

Car chascuns d'eux (des musiciens), selon l'accort
De son instrument sans descort,
Viole, guiterne, citole,
Harpe, trompe, corne, flajole,
Pipe, souffle, muse, naquaire,
Taboure et quanque on puet faire
De dois, de penne et de l'archet,
Oïs et vis en ce porchet.

Bibliothèque Royale, manuscrit fr., n° 7221, fol. 75.

NOMENCLATURE

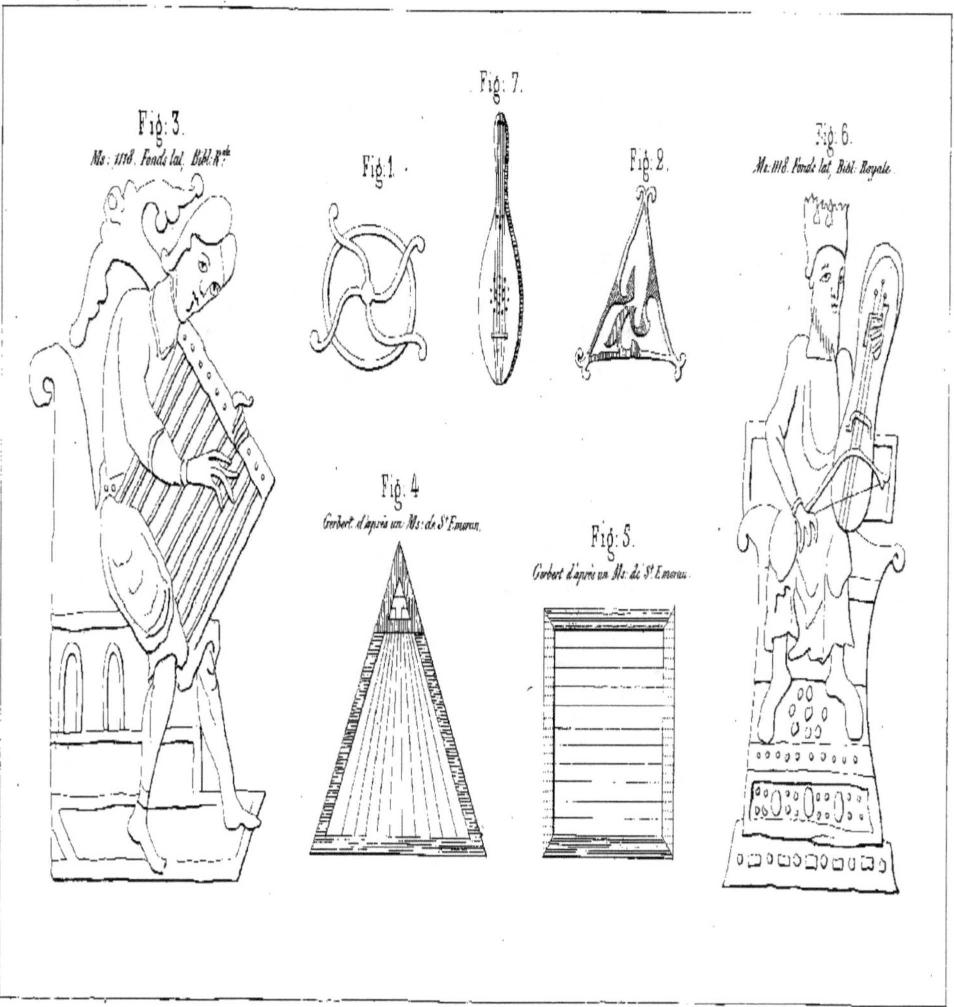
Fig: 3.
Ms: 1118. Fonds lat: Bibl: R.le
Fig: 1.
Fig: 7.
Fig: 2.
Fig: 6.
Ms: 1118. Fonds lat: Bibl: Royale.
Fig: 4
Gerbert. d'après un: Ms: de St Emeran.
Fig: 5.
Gerbert d'après un Ms: de St Emeran.

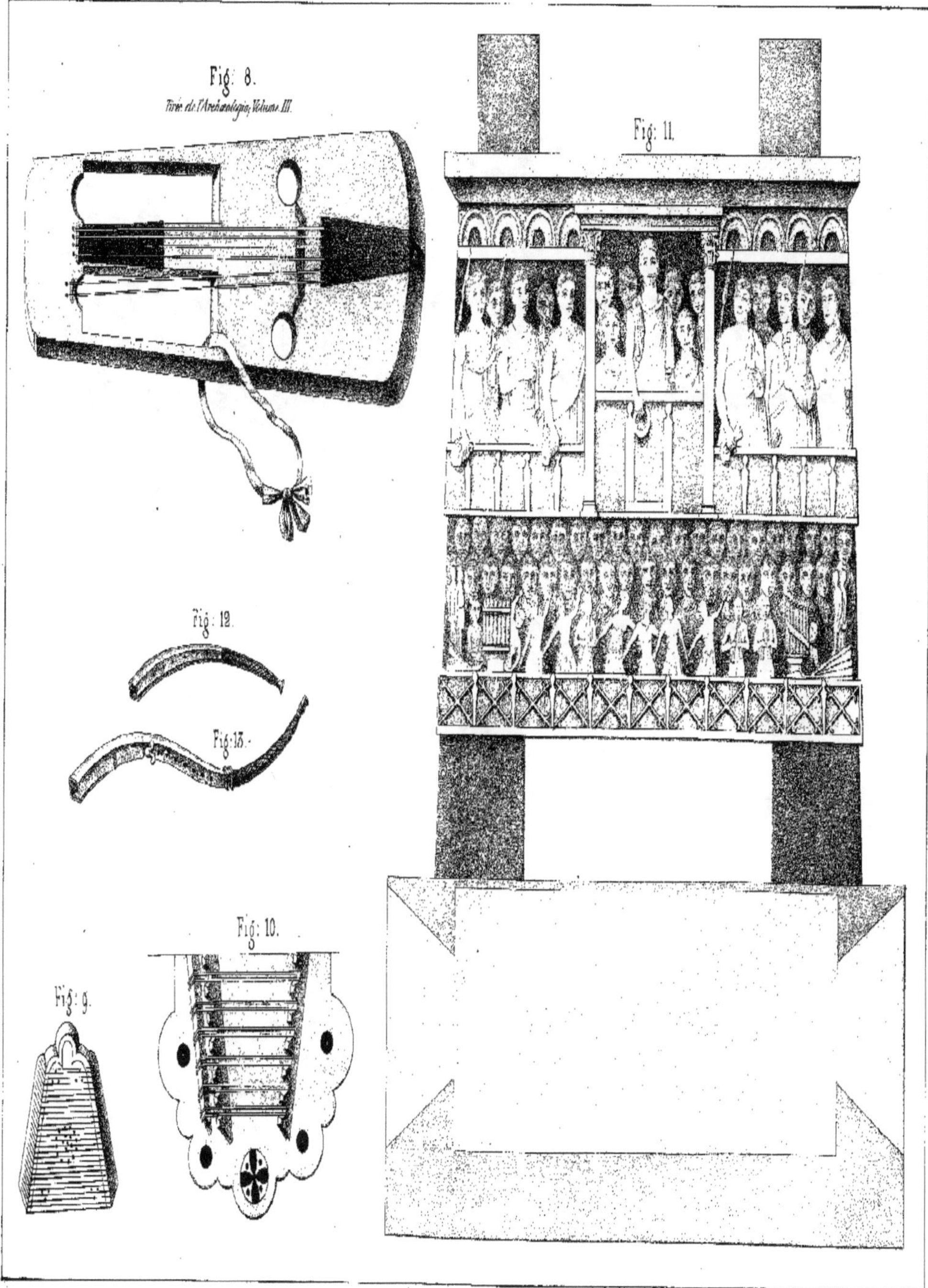

Fig: 8.
Tirée de l'Archéologie, Volume III.
Fig: 11.
Fig: 12.
Fig: 13.
Fig: 10.
Fig: 9.